# 소소한 너에게

소중하고 소중한 너에게 주는 선물

아이릿, 이현정, 임상현, 이영탁

# 소소한 너에게

소중하고 소중한 너에게 주는 선물

**The Moment**

소중하고 소중한


_____ 에게

# 프롤로그
**기억하세요. 당신은 결코 혼자가 아니라는 것을**

지금 괜찮으신가요?
정말, 괜찮으신가요?

우리는 모두 거짓말쟁이입니다. "그럼요."라고 웃으며 말하지만 그 뒤에는 "아니요. 괜찮지 않아요."라는 말을 숨기고 있으니까요. 애써 밝은 표정의 가면을 쓰고 출근하고, SNS에는 가장 행복했던 시간들로 장식합니다. 친구들과 만나는 날이면 세상에서 가장 기쁜 날인 듯 웃어 보이기도 합니다. 그러나 집에 돌아와 혼자가 되면, 아침에 썼던 가면은 흔적조차 없이 부서지고 맙니다.

아무렇지 않게 웃는 게 지쳤나요? 이제는 솔직하게 "괜찮지 않다."라고 말하고 싶나요?
이 책은 그런 여러분을 위한 책입니다.

네 명의 평범한 작가들이 모였습니다. 다른 사람

들처럼 불안하고, 외롭고, 지치는 날들이 있었던 사람들입니다. 내가 흘렸던 눈물만큼 다른 이들의 눈물을 닦아주자며 함께 이야기를 나누기로 한 것이지요.

'아이릿 작가'는 고독을 걷는 모든 이들을 안아줍니다. 조금 늦어도 괜찮고, 남들과 달라도 괜찮으며, 때로는 무너져도 괜찮은 세상을 응원합니다. 함께 걷자고 손길을 내밀며, 삶을 다시 한 번 버텨낼 수 있는 열망과 인내에 대해 이야기합니다. 각자 고유한 맛을 즐기고 싶은 우리 모두에게 '왜?'라는 '이유'가 되고 싶습니다.

'이현정 작가'는 포기하지 않고 살아온 이야기를 전합니다. 매일 절망 속에서 눈을 뜨면서도 오늘은 달라질 거라는 희망을 품었던 경험을 통해, 당신의 마음속 긍정과 배려가 삶을 밝힐 것이라는 메시지를 전하고 있습니다. 이 책이 여러분에게 혼자가 아님을 깨닫게 하고 스스로를 돌보며 따뜻한 세상을 만들어가는 작은 위로가 되길 바랍니다.

'임상현(챤현)작가'는 고민과 걱정으로 지새웠던 밤이 많은 사람입니다. 남 모르게 흘려온 눈물만큼 소중한 사람을 위한 공감과 위로의 메시지도 가슴속에 가득 담고 있습니다. 잘 알고 있지만 가끔 잊고 지냈던 우리의 빛나던 날들을 생각해볼 수 있는 시간을 가져봅시다. 이 책을 읽는 여러분에게 따스함을 전하고 싶습니다.

'이영탁 작가'는 우리는 사회적 존재이고 사회라는 구조 속에서 살아간다고 말합니다. 존재론적으로는 타인과 공존해야하고 의미론적으로는 숨은그림찾기 같은 감사를 찾자고 합니다. 왜냐하면 우린 함께 살아가는 존재이기 때문입니다. 밤하늘에 빛나는 저 수많은 별은 당신이 마음을 열어준 덕분이며, 포기하지 않고 걸을 수 있는 이유라고 말합니다.

이 책이 당신이 편히 기대어 쉴 수 있는 어깨가 되었으면 좋겠습니다. 우리의 문장이 당신의 삶에 스며들 수 있는 공기가 되기를 바랍니다. 우리는 단지 "힘내세요."처럼 공허한 위로를 건네지 않습니다.

대신 "당신의 아픔을 이해합니다. 당신은 혼자가 아닙니다."라고 말해주고 싶습니다.

마지막 페이지까지 모두 읽었을 때 당신이 깨달으셨으면 좋겠습니다. 우리 모두가 얼마나 연약하고 강한 존재인지를.

책을 다 읽었을 때 독자님들이 소중한 사람들에게 선물하고 싶어진다면, 하는 마음을 담아 썼습니다. 당신이 받은 위로와 용기를 소중한 사람들에게 나누어준다면 우리에게는 더할 나위 없는 영광일 것입니다. 이것이 우리가 모여 이 책을 쓰게 된 이유입니다.

자, 다음 페이지를 넘겨보세요. 당신과 우리의 이야기가 시작됩니다.

# 아이릿

**1장**

## 열망_각양각색의 수제 레시피 15

- 우연한 필연을 찾다  17
- 꺾이지 않는 마음  21
- 바로, 지금, 여기  25
- 당신의 인생 소금빵  29
- 공부와 함께 춤추다  33
- 아침 해와 저녁 해  37
- 롱런의 윤리학  41

**2장**

## 인내_달콤쌉쌀한 다크 초콜릿 45

- 방구석 쉼표를 찍다  47
- 나를 위한 한 그릇  51
- 치유의 자애  55
- 진흙 속에서 피어나는 꽃  60
- 달콤한 인내  64
- 다 지나간다는 말대신  68
- 느림의 미학을 익히다  72

# 이현정

### 3장

## 긍정_삶을 밝히는 마음의 태도  75

- 바람이 불어오는 길 위에서  77
- 마음의 거울, 세상을 밝히다  81
- 시련 속에서 발견한 내면의 힘  85
- 꽃은 바람에도 꺾이지 않는다  90
- 나비의 작은 날갯짓처럼  95
- 서로의 마음에 온기를 전하다  99
- 어두운 터널에도 끝이 있다  103

### 4장

## 배려_마음을 나누는 힘  107

- 작은 배려가 만드는 큰 변화  109
- 타인의 신발을 신어보다  113
- 따뜻한 시선, 마음을 녹이다  117
- 침묵의 언어로 전하는 위로  121
- 다름을 존중하는 마음  125
- 마음의 문을 열다  130
- 스스로를 위한 다정한 배려  135

# 임상현(챤현)

**5장**

## 불안_두려움, 하지만 나를 성장시키는 감정  139

- 내가 초라하게 느껴진다면  141
- 소셜 미디어와 불안, 그 끝없는 비교  145
- 나도 내가 왜 불안한지 모를 때  149
- 불안해? 그럼 밖에 나가서 걷자  153
- 모든 인연을 붙잡을 필요는 없다  158
- 나 혼자만 멈춰 서 있는 건 아닐까요?  162
- 결국 나를 성장시킬 거야  166

**6장**

## 용기_마음속에 품고 있는 나만의 응원단  169

- 비를 견뎌야 비로소 떠오르는 무지개  171
- 내가 바로 나만의 히어로  175
- 모든 건 한 걸음부터 시작해  179
- 제가 도와드릴까요?  183
- 지나고 보면 별 것 아닌 것들  187
- 실패의 끝은 실패가 아니다  191
- 내 목소리를 낼 수 있는 용기  195

## 이영탁

**7장**

## 감사_창으로 스며드는 햇살의 힘  199

- 삶의 꽃, 감사의 향기  201
- 축복이란 보호막  205
- 고통의 바탕은 감사  209
- 한 방울들이 모여 바다가 돼  213
- 장미는 가시가 있지  216
- 그리우니까 보고 싶어  220
- 너의 소중한 검은 돌이라서 더 고마워  224

**8장**

## 공정_우리의 목소리가 울려 만드는 조화로운 세상  227

- 빵 한 조각을 나눠 가져  229
- 신호등 앞에선 조급함을 내려놓자  233
- 빛이 나를 비추면 그림자가 생겨  237
- 시소를 타면 균형이 깨어져  241
- 엄마가 좋아, 아빠가 좋아?  245
- 우리가 가꾸는 꽃밭이니까  249
- 문은 열 수도 닫을 수도 있어  253

**에필로그  258**

# 1장

# 열망

## 각양각색의 수제 레시피

"Dare to live the life you have dreamed
for yourself. Go forward and
make your dreams come true."
당신이 꿈꾸는 삶을 살 용기를 가지세요.
앞으로 나아가 당신의 꿈을 실현하세요.

_ 랄프 월도 에머슨 (Ralph Waldo Emerson)

## 우연한 필연을 찾다

우리의 삶은 종종 우연한 사건들의 연속처럼 보입니다. 어떤 직업을 선택하게 되었거나 특정한 꿈을 꾸게 된 것도 어쩌다 보니 그렇게 되었다고 치부하기 쉽습니다. 하지만 깊이 들여다보면, 내면 깊숙한 곳에서 강렬하게 원하고 있는 열망과 연결되어 있음을 발견하게 됩니다.

가끔은 꿈을 의심하고 두려워합니다. '내가 정말로 할 수 있을까?', '과연 가치가 있는 일일까?' 질문하며 스스로를 괴롭힙니다. 하지만 기억하세요. 모든 꿈은 우연히 솟아난 것이 아닙니다. 당신이 이 세상에 존재하는 이유와 깊이 연결되어 있습니다.

누군가가 비웃더라도 열망은 공상이 아닙니다. 꿈은 나의 경험과 생각을 그대로 드러냅니다. 또 선택의 순간에 가야 할 방향을 제시해 주는 나침반이 되기도 합니다.

랄프 월도 에머슨은 "당신이 꿈꾸는 삶을 살 용기를 가지세요. 앞으로 나아가 당신의 꿈을 실현하세요."라고 말했습니다. 마치 오랜 친구가 어깨를 토닥이며 "넌 할 수 있어."라고 속삭여 주는 것만 같습니다.

하지만 꿈을 현실로 만드는 과정은 결코 녹록지 않습니다. 우리를 주저앉게 만드는 의심의 순간들, 포기하고 싶은 고통의 순간들이 기다리고 있습니다. 때로는 내게 너무 먼 당신처럼 느껴져 한숨짓게 되기도 합니다.

이러한 도전과 시련조차도 우연이 아니라고 생각해보면 어떨까요. 우리의 결심을 시험하고 어려움을 헤쳐 나가는 것은 어쩌면 내면의 열망을 더욱 강하게 만드는 필연적인 과정입니다.

잠시 눈을 감고 내면을 들여다보세요. 무엇이 보이시나요? 마음속에 품고 있는 진정한 꿈은 그 누구도 빼앗아 갈 수 없는 내면의 별입니다. 하루하루 나는 내 꿈을 위해서 어떤 선택을 했는지, 내가 상상하는 미래와 거리를 얼마나 좁혔는지 자신에게 물어보세요.

당신의 내면에 자리하고 있는 필연을 믿으세요. 사소한 우연이 나의 삶을 밝히고, 타인에게 온기를 전해 줄 수 있다는 사실을 기억하세요. 꿈꾸는 사람은 세상을 이롭게 합니다. 그 열망을 향해 나아가는 당신을 응원합니다.

"It is possible to fail in many ways, while to succeed is possible only in one."
실패하는 길은 여럿이나 성공하는 길은 오직 하나다.

_아리스토텔레스 (Aristotle)

## 꺾이지 않는 마음

　악마에게 영혼을 팔아서라도 이루고 싶은 꿈이 있나요? 모두 한때는 꿈을 꾸었습니다. 어릴 적 우리의 상상력은 끝이 없었지요. 하늘을 날고 구름 위에서 보는 꿈을 꾸곤 했습니다. 높은 곳에서 세상을 내려다보는 상상만으로도 가슴이 설렜습니다.

　하지만 눈앞에 펼쳐진 현실은 달랐습니다. 곳곳이 미끄럽고 험난해 마음 편히 발 디딜 곳 하나 없습니다. 구름 위가 아닌 산을 향해 올라가기로 선택한 순간 깨닫게 됩니다. 쉬운 길은 없다는 사실을.

　누구나 더 쉬운 길을 찾고 싶어 합니다. 험난한

오르막과 돌멩이 가득한 길을 보며 고민합니다. 기대한 만큼 성과가 나타나지 않을 때면 의욕이 싹 사라집니다. '이 길이 아니면 어떡하지?'라는 두려움이 엄습할 때도 있습니다.

포기하고 싶은 순간이 올 때면 잠시 생각해 보세요. 간절한 꿈 앞에서 스스로에게 변명하고 있지는 않나요? 이해받지 못할 거라는 두려움에 주저하고 있지는 않은가요?

당신이 바라는 모습을 행동으로 보여 주세요. 결국 원하는 곳에 도달할 수 있습니다. 예상보다 더 많은 시간이 걸릴 수도 있습니다. 꿈꾸던 모습과는 다를 수도 있습니다. 그러나 긴 시간은 한 길을 걸어온 나만의 자부심이 됩니다. 생각하던 방식과 다른 결과는 새로운 발자국을 새길 것입니다.

넘어져도 다시 일어나는 의지, 좌절해도 다시 시작하는 용기, 중요한 것은 꺾이지 않는 마음입니다. 실패해도 괜찮습니다. 넘어져도 괜찮습니다. 우리는 아기였을 때 걸음마를 배우기 위해 수없이 넘어졌습니다. 결국에는 다시 일어나 걷고 뛰게 될 것입니다.

지치고 힘들다면 잠시 멈추고 쉬어 갈 수 있는 기회입니다. 지나온 길을 돌아보세요. 당신의 진심을 불러일으키는 꿈이라면, 그 꿈을 따라갈 가치가 충분합니다.

용기를 내어 한 걸음 한 걸음 내디뎌 보세요. 진정한 나를 발견하게 될 것입니다. 그어 둔 한계를 넘어서고 삶의 의미를 찾을 수 있게 될 것입니다. 마침내, 꿈꾸던 그곳에 도달할 수 있습니다.

"순간순간 사랑하고 순간순간 행복하세요.
그 순간이 모여 당신의 인생이 됩니다."

_혜민스님

## 바로, 지금, 여기

아무것도 하지 않으면 아무 일도 일어나지 않습니다. 이 말은 보통 우리를 행동으로 이끄는 격언으로 쓰이는 말입니다. 하지만 다른 의미로도 해석할 수 있습니다. 때로는 아무것도 하지 않는 것이 최선의 선택일 수도 있습니다.

재앙은 무언가를 바라는 것에서부터 시작됩니다. 가질 수 없는 것을 욕심내면 좌절하고, 최선을 품은 기대는 뼈아픈 상실감만 안겨줄 뿐입니다. 많은 것을 바라면 바랄수록 우리는 실망하게 됩니다.

돌이켜 보면, 인생에서 가장 만족스러웠던 순간

들은 대부분 계획하지 않은 것들이었습니다. 기대하지 않았던 기쁨, 꿈꾸지 않았던 자유, 우연히 마주친 무지개. 이런 소소한 순간들이 모여 삶이 더욱 풍요로워졌습니다.

많은 사람이 원대한 꿈을 꾸고 큰 목표를 세우라고 말합니다. 옛말에 급하게 먹으면 체하는 법이고, 과한 것은 모자람만 못하다는 말이 있지요. 너무 먼 훗날을 바라보다 보면 결국 현재의 소중함을 즐기지 못하게 됩니다.

꿈이 있다면 진정으로 할 수 있는 것은 단 하나입니다. 지금 당장 할 수 있는 일을 하는 것입니다. 완벽주의가 강한 사람들은 더 큰 목표나 계획을 세우느라 할 일을 미루곤 합니다. 하지만 삶은 작은 점이 선을 이루는 것처럼 작은 행동들로 이어집니다.

강렬한 열망이나 꿈이 없어도 괜찮습니다. 그저 주어진 일을 성실히 해 나가는 것만으로도 삶은 충분합니다. 아등바등 애쓰지 않아도 좋습니다. 지금

눈앞에 있는 일에 집중해 보세요.

먼 훗날 목표에 도달할 수 있을지는 알 수 없는 일입니다. 하지만 현재에 최선을 다하는 것은 언제든지 가능합니다. 한 번뿐인 삶을 의미 있게 살기 위한 가장 적절한 때는 지금입니다.

당신의 롤모델도 당신과 같은 자리에서 열망을 품고, 같은 고민을 했으며, 같은 두려움을 느꼈습니다. 주어진 일을 묵묵히 해 나가며 기회를 얻고 어느새 의미 있는 자리에 서게 되었을 것입니다. 이제 자신에게 던지는 질문을 바꾸어 보세요.

"내 꿈을 위해 오늘 해야 할 가장 중요한 일은 무엇일까?"
"지금 당장 할 수 있는 첫 번째 행동은 무엇일까?"

"모든 국민은 인간으로서의
존엄과 가치를 가지며,
행복을 추구할 권리를 가진다."

_『대한민국 헌법』 제10조

## 당신의 인생 소금빵

　제가 가끔 들르는 빵집에 들어서면 가장 먼저 코끝을 자극하는 향이 있습니다. 버터의 고소함과 소금의 짭짤함이 어우러진 소금빵의 향기입니다. 그날은 기분이 좋은 날입니다. 그 자체만으로도 행복한 기분을 느낍니다.

　갓 구운 소금빵을 한 입 베어 물면, 바삭한 겉면과 부드러운 속살의 완벽한 조화를 맛볼 수 있습니다. 입안 가득 퍼지는 버터의 풍미, 그리고 혀끝에서 살살 녹아내리는 소금 결정체의 짭조름한 맛. 이 모든 것이 어우러져 만들어 내는 소금빵만의 독특한 매력은 열망의 다양한 모습을 닮았습니다.

어떤 소금빵은 표면에 굵은 소금이 듬뿍 뿌려져 있어 강렬한 첫인상을 줍니다. 왜 '소금빵'인지 단번에 알 수 있지요. 이는 마치 열정 넘치는 삶을 사는 사람들과 같습니다. 강렬한 첫인상으로 주변 사람들을 사로잡는 그들은 열정으로 세상에 큰 영향을 미칩니다.

반면 겉보기에는 평범해 보이지만, 한 입 물면 은은하게 퍼지는 버터의 향과 촉촉하면서도 담백한 식감이 일품인 소금빵은 조용히 자신의 길을 걸어가는 사람들과 닮았습니다. 그들의 영향력은 서서히, 그러나 깊이 있게 주변을 변화시킵니다.

다른 소금빵은 치즈나 대파를 더해 새로운 맛을 만들어 내기도 합니다. 이는 끊임없이 도전하고 혁신을 추구하는 사람들과 같습니다. 그들은 기존의 틀에 안주하지 않고 새로운 가능성을 찾으며 세상을 더욱 다채롭게 만듭니다.

우리는 다른 이의 소금빵을 평가하려 듭니다. "이

빵은 소금이 너무 많아.", "저 빵은 맛이 밋밋해." 하지만 모든 소금빵에는 그만의 특별한 레시피가 존재합니다. 또 어떤 이는 짭짤한 맛을 좋아하고, 어떤 이는 은은한 단맛을 선호합니다. 그 어떤 취향도 틀리지 않았습니다. 단지 다를 뿐입니다.

부모님들은 때로 자녀들에게 자신의 소금빵 레시피를 강요합니다. 하지만 그 아이는 빵 대신 케이크나 쿠키를 만드는 데 재능이 있을 수도 있고, 베이킹과는 전혀 관계없는 일에 흥미를 느낄 수도 있습니다. 누구나 자신만의 특별한 재능과 눈을 반짝이며 이야기하는 관심사가 있습니다.

각자의 열망에 대한 레시피를 비교하지 않고, 서로 가진 꿈의 맛을 음미하는 세상을 꿈꿔봅니다. 바삭한 겉면의 소금빵부터 부드러운 식감의 소금빵까지, 모든 빵에는 그만의 가치와 맛이 있습니다. 당신의 인생 소금빵은 어떤 맛인가요?

"Everything flows, nothing stands still."
모든 것은 흐르고 아무것도 머물러 있지 않는다.

_헤라클레이토스 (Heraclitus)

## 공부와 함께 춤추다

어제의 혁신이 오늘의 일상이 되는 세상입니다. 우리는 어느덧 4차 산업혁명의 소용돌이 한가운데 서 있습니다. "교육은 삶을 위한 준비가 아니라, 삶 그 자체이다." 이 말이 지금처럼 와닿은 적이 있었을까요?

초등학교 때 적었던 장래 희망란은 지금의 직업군들과 사뭇 달랐습니다. 이제 우리가 알고 있었던 직업의 절반은 이미 사라졌거나 곧 사라질 운명에 처했습니다. 미래의 아이들은 지금은 존재하지 않는 직업을 갖게 될 것입니다.

변화란 두렵고도 설레는 단어입니다. 마치 롤러코스터 같습니다. 정상에 오른 순간 아찔한 낙하가 시작됩니다. 그 순간 우리는 비명을 지르거나 환호성을 내뱉습니다.

AI, 빅데이터, IoT. 낯설다고 생각했던 이 단어들은 이제 일상이 되었습니다. 스마트폰을 다룰 줄 몰라 쩔쩔매던 어제의 나는 오늘 AI와 대화를 나눕니다. 내일은 어떤 혁신이 찾아올까요?

이제는 변화를 자연스럽게 받아들일 수밖에 없습니다. 우리가 할 수 있는 일은 변화를 어떻게 받아들일지 고민하는 것뿐입니다.

평생 학습은 선택이 아닌 필수가 되었습니다. '지루한 공부를 평생 해야 한다고?' 너무 걱정할 필요는 없습니다. 우리는 이미 평생토록 배워왔습니다. 걸음마를 배우고, 말을 익히고, 사회성을 길러왔지요. 바로 평생 학습의 시작이었습니다.

앞으로의 학습은 더 빠르고 다양하며 유연한 모습이 될 겁니다. 뇌는 놀라운 가소성을 가지고 있으니까요. 60대에 프로그래밍을 배우는 할머니, 70대에 유튜브 스타가 되는 할아버지는 흔한 일이 될 거예요.

변화와 함께 기회를 얻고 성장할 우리의 모습이 기대됩니다. 오늘은 새로운 것을 하나 배워볼까요? 처음 보는 앱을 다운로드하거나 온라인 강의를 들어보세요. 그저 동네를 산책하며 풍경과 자연의 변화를 관찰하는 것도 좋습니다. 쉽게 시작할 수 있는 변화의 첫걸음입니다.

변화의 무대 위에서 우리는 선택할 수 있습니다. 우물쭈물 머뭇거릴 것인지, 그 위에서 춤을 출 것인지. 저는 춤추기를 선택하겠습니다. 서툴고 어설플지라도 말입니다.

이제 당신의 선택은요?

"All my life the early sun has hurt my eyes, he thought. Yet they are still good. In the evening I can look straight into it without getting the blackness. It has more force in the evening too. But in the morning it is painful."

평생 이른 아침 해가 내 눈을 아프게 했지, 그는 생각했다. 하지만 아직도 눈은 좋아. 저녁에는 눈이 까맣게 되지 않고도 똑바로 볼 수 있어. 저녁 해가 더 강렬하기도 해. 하지만 아침에는 고통스러워.

_『노인과 바다』 어니스트 헤밍웨이 (Ernest Hemingway)

## 아침 해와 저녁 해

 시간의 흐름 아래에서 우리의 눈빛은 세상을 바라보는 방식을 서서히 변화시킵니다. 돌아가고 싶은 날이 없을 정도로 각박하게 살았다는 것은 어찌 보면 슬픈 일입니다. 하지만 그만큼 지금은 평안에 다다랐다는 사실을 의미합니다.

 동틀 무렵, 찬란한 금빛으로 세상을 깨우는 아침 해를 마주한 적이 있나요? 하루의 끝자락, 붉게 물들어가는 저녁 하늘을 정면으로 바라본 적은요? 그 눈부신 순간들 속에 삶의 모습이 고스란히 담겨 있습니다.

젊은 날의 우리는 아침 해와 같습니다. 이 시기의 열망은 주로 겉으로 보이는 성취에 집중되어 있습니다. 좋은 대학을 가고, 높은 연봉을 받고, 명예로운 직위에 오르는 것. 이런 목표들은 아침 해와 같이 눈길을 사로잡습니다. 때로는 눈이 부셔 다른 것들을 보지 못하게 만들기도 합니다.

하지만 시간이 흐르면서 시선은 점차 다른 곳으로 향합니다. 노인과 바다의 주인공 산티아고가 저녁 해를 바라보듯이, 우리도 인생의 저녁 무렵에는 다른 것들에 가치를 두기 시작합니다.

외적인 성공보다는 내적인 평화를, 물질적인 풍요보다는 의미 있는 관계를, 사회적 지위보다는 자아실현을 추구하게 됩니다. 나이가 들어감에 따라 우리의 시선은 더욱 섬세해지고, 바라보는 세상의 색채는 더욱 깊어집니다. 이러한 변화는 나이를 먹었기 때문이 아니라 삶의 본질에 대해 통찰할 수 있는 눈이 생겼기 때문입니다.

아침 해의 눈부신 빛이 우리를 깨우고 나아가게 하는 것처럼, 젊은 시기의 열망 덕분에 우리는 성장하고 발전하게 됩니다. 다만 시간이 흘러 더욱 깊은 본질을 찾고 이해하게 되는 것입니다. 외적인 성공에 대한 갈망은 의미 있는 삶과 진정한 만족을 위한 열망으로 승화됩니다.

성장의 과정은 더디고 때로는 고통스러울 수 있습니다. 오랫동안 품어 왔던 가치관이 뒤바뀌고 익숙했던 방향이 아닌 새로운 길로 걸어야 하기 때문입니다. 하지만 동시에 해방감을 느낄 수도 있습니다. 타인의 기대나 사회가 부여하는 역할에서 벗어나 오롯이 나만의 길을 가게 되는 것입니다.

우리 모두가 노인 산티아고처럼, 오랜 시간 뒤에도 좋은 눈을 가지고 있기를 바랍니다. 또 생의 저녁 해를 똑바로 바라보며 그 강렬함을 온전히 느낄 수 있기를 바랍니다. 참으로 멋진 일입니다.

"Success is never final."
성공이 끝은 아니다.

_윈스턴 처칠 (Winston Churchill)

# 롱런의 윤리학

누구나 성공을 갈망합니다. 성공의 정의는 사람마다 다르지만 우리는 부와 명예가 곧 행복이라고 배웠습니다. 이를 위해 열심히 공부하고, 노력하며, 때로는 치열한 경쟁에 뛰어듭니다. 그러나 과연 진정한 성공이란 무엇일까요?

한 사람이 정상에 오르기 위해서는 많은 이들을 제쳐야 합니다. 순수하고 정직한 방법만으로 큰 부를 축적하거나 목표를 달성하는 것은 결코 쉽지 않습니다. 이처럼 성공은 복잡하고 모순적인 얼굴을 지니고 있습니다.

그렇다면 우리는 성공을 위해 어떻게 살아야 할까요? 어느 정도의 윤리적 기준을 지켜야 하는 걸까요? 다수의 행복을 위해 소수의 고통을 외면해도 되는 걸까요? 이는 도덕적인 문제뿐만 아니라 성공을 오래도록 유지하는 데에도 중요합니다.

한 기업의 성공이 다른 기업의 몰락을 초래한다면 실패한 기업의 임직원과 그 가족들의 운명은 비참해질 것입니다. 만약 우리가 타인의 희생을 발판으로 성공을 이룬다면 그것이 과연 정당한지 생각해 볼 필요가 있습니다.

또 불공정한 성공은 도덕적 가치가 없다고 보는 사람들도 있습니다. 하지만 현실은 다릅니다. 모든 이들에게 공정한 기회가 주어진다면 좋겠지만 세상에는 소위 '금수저'로 태어나거나, 뛰어난 재능을 타고나거나, 운이 좋은 사람들이 있습니다. 그럼에도 결과에 이르는 과정은 공정하고 윤리적이어야 합니다.

이런 고민들이 이상적으로 들릴 수도 있습니다. '일단 성공이나 해봤으면 좋겠다.'라는 생각이 들 수도 있지요. 하지만 꿈꾸는 우리가 한 번쯤 깊이 고민해보아야 할 문제입니다. 성공을 추구하는 과정에서 타인과 어떤 관계를 맺고 있는지, 그들에게 어떤 영향을 미치는지 끊임없이 성찰해야 합니다.

세계적인 투자자 워렌 버핏은 엄청난 부를 축적했지만 그의 성공은 금전적인 것에 그치지 않았습니다. 그는 "인생의 내적 점수카드가 외적 점수카드보다 더 중요하다."라고 강조하며 자신이 가진 부의 99%를 자선 사업에 기부하기로 결정했습니다.

지위가 높아질수록 내적 성숙과 타인에 대한 존중이 더욱 중요해집니다. 진정한 성공은 개인의 성취와 더불어 사회 전체의 발전과 조화를 이루는 것입니다. 그에 따른 고민은 당신을 절대 배신하지 않습니다.

## 2장

# 인내

## 달콤쌉쌀한 다크 초콜릿

"Tout le malheur des hommes vient d'une
seule chose, qui est de ne savoir pas demeurer
en repos dans une chambre."
인간의 모든 불행은 한 가지에서 비롯된다.
그것은 조용히 방 안에 머물 줄 모르는 것이다.

_블레즈 파스칼 (Blaise Pascal)

## 방구석 쉼표를 찍다

블레즈 파스칼은 인간의 모든 불행이 "조용히 방 안에 머물 줄 모르는 것에서 비롯된다."라고 말했습니다. 그는 이미 17세기에 '방콕'의 중요성을 알고 있었는지도 모릅니다.

하지만 21세기의 방콕은 약간 다릅니다. 우리는 작은 화면 안에서 누군가와 연결되는 세상에 살고 있습니다. 끊임없이 무언가를 찾아 헤맵니다. 항상 바쁘게 살아가야만 할 것 같은 압박에 시달립니다. 어느덧 스스로를 잃어버리고 말지요.

배경화면을 가득 채운 스마트폰 알람, 벗어날 수

없는 무한 스크롤 기능, 믿기 어려운 뉴스와 광고까지 세상은 끊임없는 자극과 정보로 우리를 유혹합니다.

진정한 인내는 그 모든 것에서 벗어나 자신과의 시간을 견디는 데서 시작됩니다. 홀로 있는 시간은 내면을 들여다볼 수 있는 기회를 줍니다. 자신을 이해하고 받아들이는 과정인 것입니다.

종종 기다림이 견디기 어려운 고통처럼 느껴질 때도 있습니다. 원하는 대로 일이 바로 이루어지지 않으면 짜증이 솟구칩니다. 무언가가 지연되면 좌절감에 빠집니다. 하지만 우리가 스스로를 바라보고 기다림 속에서 성장할 수 있을 때 진정한 평온에 도달할 수 있습니다.

오늘날의 사회는 모든 것이 바로 해결되기를 바랍니다. 우리는 스마트폰 하나로 모든 것을 처리할 수 있고 원하는 정보를 즉시 얻을 수 있습니다. 그러나 이런 편리함 속에서도 불안감은 사라지지 않습니다. 오히려 끊임없는 자극에 익숙해진 마음은 더 많은 것을 바라게 됩니다.

이럴 때일수록 잠시 멈추고 조용히 방 안에 머물러 볼 필요가 있습니다. 아무것도 하지 않는 시간은 우리에게 진정한 여유를 줍니다. 그 안에서 스스로 내면을 다스릴 수 있습니다. 외부의 자극을 끊고 스스로에게 집중할 때, 비로소 진정한 인내의 의미를 깨닫게 됩니다.

인내는 성장의 시간이며, 자신을 더 깊이 이해할 수 있는 기회입니다. 조용한 방 안에서 당신의 마음이 쉬어갈 수 있기를 바랍니다.

"Part of the secret of success in life isto eat
what you like and let the foodfight it out inside."
인생에서 성공하는 비결 중 하나는 좋아하는
음식을 먹고 힘내 싸우는 것이다.


_마크 트웨인 (Mark Twain)

# 나를 위한 한 그릇

 반갑지만은 않은 봄비에 지난날의 기억이 물안개처럼 피어오릅니다. 조용히 바위를 깎아내리는 빗방울의 끈기처럼 참아왔던 세월에, 문득 서러운 마음이 들었습니다. 나를 더욱 사랑하고 싶어졌습니다. 건강한 음식을 먹고, 좋은 것들을 보고, 나를 위한 선물을 주고 싶었습니다. 오늘은 특별히 나를 위한 요리를 하기로 마음먹었습니다.

 냉장고 문을 열자 한 켠에 자리 잡은 연녹색 반찬통이 눈에 들어옵니다. 그 안에는 몇 년 전 돌아가신 외할머니가 남겨주신 된장이 고요히 잠자고 있습니다. 반찬통을 꺼내 들자 마음 한구석이 따스한 봄볕에 녹아드는 듯합니다. 그 안에는 할머니의 사랑과 정성이 행여 넘칠까 꾹꾹 눌러 담겨 있습니다.

일인분의 작은 냄비를 꺼내 맑은 물을 담습니다. 육수 한 알과 반 숟가락도 안 되는 된장을 조심스레 풀어냅니다. 음식을 짜게 먹지 않으려는 마음과, 할머니의 선물을 아껴 두고 싶은 마음이 물과 된장처럼 섞여 듭니다. 된장이 풀어질 때까지 천천히 저으며, 마음속으로 나 자신을 위로하는 여유를 가져봅니다.

고춧가루와 다진 마늘을 조금씩 넣고 끓어오르는 동안 야채를 손질합니다. 알배추의 싱그러운 모습, 여리지만 푸르고 단단한 청경채, 순백의 부드러운 두부, 향긋한 대파, 통통한 아기 손가락 같은 만가닥버섯까지. 재료를 씻고 다듬으며 건강해질 생각에 마음이 든든해집니다.

칼질하는 소리가 봄비처럼 경쾌하게 울리고, 야채를 자르며 스트레스도 함께 잘라내는 기분이 듭니다. 모든 재료를 냄비에 넣고 청양고추는 가위로 숭덩숭덩 대강 썰어 넣습니다. 찌개 위로 하얀 김이 모락모락 피어오르며 창가에 맺힙니다. 따뜻한 온기가 나를 포근하게 안아주는 듯합니다.

맑은 찌개가 끓는 동안 간단한 반찬들을 준비하고 밥을 품니다. 정성스레 상을 차리고 아끼는 수저 받침 위에 수저를 둡니다. 내가 더욱 가치 있는 사람이 된 것 같은 기분입니다.

뚜껑을 열자 풍성한 야채와 구수한 된장 향이 코끝을 간지럽힙니다. 호호 불며 한 숟가락 떠먹으면 누군가의 애정이 느껴지는 듯합니다. 입안에 퍼지는 맛은 나를 향한 사랑과 위로의 맛입니다. 봄비에 젖어 조금씩 부드러워지는 굳은 땅처럼 마음이 풀어집니다. 그 안에서 삶을 또 한 번 견뎌낼 힘을 얻습니다.

나를 위한 한 그릇을 누리며 되뇌입니다. 감사합니다. 사랑합니다.

"Do not weep, do not wax indignant.
Understand."

눈물 흘리지 마라, 화내지 마라. 이해하라.

_바뤼호 스피노자 (Baruch Spinoza)

## 치유의 자애

미움, 원망, 분노의 감정은 마음을 무겁게 합니다. 특히 다른 이들로 인해 받은 스트레스와 아픔은 가슴속에 오랫동안 남아 있습니다. 그저 외면할 수도 없고, 묵묵히 참고 견디는 것은 더욱 어려운 일입니다. 그런 시기에 내면의 평화를 찾아갈 수 있는 좋은 방법이 있습니다.

바로 '자애명상'입니다. 자애명상은 마음속 사랑과 연민의 씨앗을 키워 나가는 수행법입니다. 특히 우리를 힘들게 하는 사람들에 대해서도 자애의 마음을 내는 연습을 하는 것이 중요합니다. 결코 쉽지 않은 일입니다. 하지만 이 과정을 통해 우리는 진정한 인내를 배웁니다.

편안한 자세로 천천히 호흡해 보세요. 다음과 같은 말을 진심을 담아 되뇌입니다. 이 말들을 읽으며 그 의미를 깊이 새겨 보세요.

-

나에게 평화가 깃들기를 바랍니다.
내 마음에 용서의 빛이 스미기를 바랍니다.
나의 상처가 치유되기를 바랍니다.

-

잠시 마음속에 미움이 있는 사람이나 나를 힘들게 한 사람을 떠올려 보세요. 이어서 읽어 보세요.

-

당신에게 평화가 깃들기를 바랍니다.
당신이 건강하고 안전하기를 바랍니다.
당신이 사랑받고 보호받기를 바랍니다.
모든 존재가 행복하고 평화롭기를 바랍니다.

모든 존재가 건강하고 안전하기를 바랍니다.
우리 모두가 사랑받고 보호받기를 바랍니다.
-

처음에는 어색하고 거부감이 들 수도 있습니다. 특히 나를 아프게 한 사람들을 떠올리며 이 말을 하는 것은 더욱 어려울 수 있습니다. 하지만 나를 위한 치유라고 생각하며 눈 딱 감고 지속해 보세요.

자애명상은 마치 딱딱하게 메마른 땅에 물을 주는 것과 같습니다. 처음에는 물이 스며들지 않습니다. 하지만 계속하다 보면 어느새 땅이 부드러워지고 생명력이 움트는 것을 발견하게 됩니다.

변화는 서서히 찾아옵니다. 매일 조금씩, 꾸준히. 자애명상은 우리에게 참도록 하지 않습니다. 사랑과 이해를 키우도록 도와줍니다. 그리고 어느 순간 깨닫게 됩니다. 미움이 사랑으로, 원망이 이해로, 분노가 평화로 변한다는 것을요.

당신이 지금 힘든 시기를 겪고 있다면, 혹은 누군가로 인해 깊은 상처를 받았다면, 이 희망을 잡아 보세요. 매일 조금씩, 꾸준히 실천해 나가세요.

자애는 인내의 꽃으로 피어납니다. 그 꽃향기가 우리의 삶을, 그리고 이 세상을 조금씩 더 아름답게 만들어 갈 것입니다.

"靜中靜非眞靜, 動處靜得來, 是性天之眞境. 樂處樂非眞樂, 苦中樂得來, 見心體之眞機"

고요함 속의 고요함은 진정한 고요함이 아니니,
움직임 속에서 얻어지는 고요함이야말로
본성의 참된 경지이다.
즐거운 곳에서의 즐거움은 진정한 즐거움이 아니니,
괴로움 속에서 얻어지는 즐거움이야말로
마음의 참된 이치를 보는 것이다.

_『채근담』 홍자성 (Hong Zicheng)

## 진흙 속에서 피어나는 꽃

 살다 보면 모든 것이 무겁게 느껴질 때가 있습니다. 온 세상이 회색 안개로 뒤덮인 듯 앞이 뿌옇고 흐릿하며, 한 발 한 발 내딛는 것이 보이지 않는 힘과 맞서 싸우는 것처럼 고된 순간들. 그런 때에 우리는 압도되거나, 자신의 힘을 의심하며 과연 이 길이 맞는지 의문을 품게 됩니다.

 저 역시 그런 순간이 있었습니다. 정확히 어떤 고민을 안고 있었는지는 기억나지 않지만, 그때 아빠가 해주신 말씀은 잊을 수 없습니다. "연꽃은 진흙 속에서 피잖아."

연꽃은 탁하고 어두운 물 밑바닥, 누구도 들여다보지 않는 진흙 속에서 자라납니다. 그곳은 빛 한 줄기 닿지 않는 어둠이요, 생명의 숨결조차 희미한 곳입니다. 하지만 연꽃은 그곳에서 뿌리를 내리고 줄기를 뻗어 올립니다.

더럽고, 어둡고, 질척거리는 환경에서 시작하지만, 결국에는 물 위로 고개를 들어 찬란한 꽃을 피웁니다. 고귀한 꽃잎은 아침 이슬을 머금고 햇살에 반짝이며, 맑고 순수한 향기를 사방으로 퍼뜨립니다.

우리도 때때로 어려움과 고난이라는 진흙 속에 빠져 있다고 느낄 때가 있습니다. 그것은 개인적인 고난일 수도, 직업적 어려움일 수도, 혹은 사회적 장벽일 수도 있습니다. 하지만 연꽃처럼 우리에게도 그 어려움을 뚫고 나갈 힘이 있습니다.

가만히 기다리는 것만이 인내라고 할 수는 없습니다. 연꽃은 진흙 속에서 끊임없이 성장하고 줄기를 뻗어 빛을 향해 나아갑니다. 우리의 인내도 이와 같아야 합니다. 어려운 상황 속에서도 손을 뻗어 계속해서 노력하고, 배우고, 빛을 찾아야만 합니다.

때로는 처한 상황이 너무나 어둡고 희망이 없어 보일 수 있습니다. 하지만 고결한 연꽃의 이미지는 희망을 떠오르게 합니다. 아무리 깊은 진흙 속에 있더라도, 언젠가는 물 위로 올라와 꽃을 피울 수 있다는 것을 말입니다.

아무도 우리의 노력을 알아주지 않을 수도 있습니다. 하지만 그때야말로 자신을 믿고 계속 전진해야 할 때입니다.

다음에 어려운 상황에 처했을 때 연꽃을 떠올려 보세요. 그리고 기억하세요. 당신도 그 연꽃처럼, 어떤 어려움도 이겨 내고 아름답게 피어날 수 있다는 것을. 참고 계속 걸어가세요. 당신의 꽃은 반드시 필 것입니다.

"Men have forgotten this truth," said the
fox. "But you must not forget it. You become
responsible, forever, forwhat you have tamed."
"사람들은 이 진실을 잊어버렸어." 여우가 말했다.
"하지만 넌 그것을 잊지 말아야 해. 네가 길들인 것에
언제까지나 책임을 져야하는 거야."

_『어린왕자』앙투안 드 생텍쥐페리 (Antoine de Saint-Exupéry)

## 달콤한 인내

퇴근길 엘리베이터 안에 바삭한 후라이드 치킨 냄새가 가득합니다. 코끝으로 냄새를 쫓으며 기름에 튀겨진 닭 껍질의 바삭함과 육즙 가득한 속살을 상상합니다. 입안에 침이 고이는 것을 느끼고 당신은 깊은 한숨을 내쉽니다. 건강을 위해 치킨을 참기로 했던 다짐이 흔들리는 순간입니다.

우리는 매일 이런 유혹과 싸웁니다. 아침에 몇 분만 더 자고 싶은 마음, 당장 사고 싶은 운동화, 친구들과 어울려 술 한잔하고 싶은 충동. 하지만 우리는 알고 있습니다. 지금 참아야 더 달콤한 열매를 맺을 수 있다는 것을요.

요즘 최화정 배우님의 유튜브 채널을 재미있게 보고 있습니다. 대식가로 유명하시지 않느냐는 질문에 당신은 미식가라며 애교 있게 미소 짓습니다. 집에서 강남 고급 식당의 피자를 즐기고, 평범한 비빔면에도 취향을 더하는, 이른바 최화정 터치를 가미합니다. 또 당신의 시간과 건강을 위해서 기꺼이 투자합니다.

그런 그녀에게도 견뎌야 하는 순간들이 있습니다. 그녀는 마른 체형은 아니지만 균형 잡힌 몸매를 위해 꾸준히 간헐적 단식을 실천한다고 말합니다. 당장의 욕구를 참고 미래를 위해 투자하는 시간들이 모여 삶을 가치 있고 아름답게 만드는 것입니다.

물론 욕구를 물리치는 것이 쉽지만은 않습니다. 때로는 지치고 포기하고 싶어질 때도 있습니다. 다이어트 중 치킨 한 조각을 먹었다고 해서, 혹은 쇼핑을 참지 못하고 지갑을 열었다고 해서 모든 것이 무너지는 건 아니라는 사실을 기억해야 합니다. 포기하지 않고 계속해서 도전하는 것으로 충분합니다.

인내는 마치 운동을 할 때 근육이 단련되듯 유혹을 이겨낼 때마다 더욱 단단해집니다. 그리고 어느 순간 뿌듯한 변화를 마주하게 됩니다. 건강해진 몸, 알차진 통장 잔고, 성취감으로 가득 찬 하루하루. 모두 시간이 흘러도 변하지 않고 가치를 더해주는 것들입니다.

자신을 너무 몰아세우지 않는 것도 중요합니다. 가끔은 작은 포상으로 자신을 다독이며 다시 한 번 힘을 내보세요. 아무런 제약 없이 오로지 좋아서 하는 일을 해보거나, 다이어트 중 초콜릿 한 조각의 일탈로 지친 마음에 위로를 줍니다.

오늘 하루, 당신의 작은 인내에 박수를 보냅니다. 치킨 앞에서, 쇼핑몰 앞에서, 혹은 편안한 침대 앞에서 느끼는 당신의 고민을 모두 이해합니다. 인내는 책임입니다. 더 나은 미래를 향한 사랑의 표현입니다. 그 사랑이 당신을 더 멀리, 더 높이 날아오르게 할 것입니다.

"Life is something that happens when you can't get to sleep."
삶은 당신이 잠들지 못할 때 벌어지는 일이다.

_프란 레보비츠(Fran Lebowitz)

## 다 지나간다는 말대신

빗방울이 창문을 두드립니다. 긴 꼬리를 남기며 유리를 타고 흘러내리는 모습이 마치 우리네 인생 같습니다. 때로는 빠르게, 때로는 느리게, 그러나 끊임없이 이어져 흐릅니다.

인생은 태어나면서부터 비바람을 맞는 것과 같다고 합니다. 아기가 태어나자마자 우는 이유는 그 때문이라고요. 아마 각자의 무게를 짊어진 분들이라면 고개를 끄덕이실 겁니다. 가끔은 폭우에 젖은 듯 무거워져 몸이 땅속으로 꺼져 들어갈 것만 같습니다.

잠깐 주위를 둘러볼까요? 비 온 뒤 땅에서 새싹이

돋아나듯 고난 속에서도 아름다움은 자라납니다. 그것은 사소한 친절의 이슬일 수도 있고, 생각지 못한 미소의 햇살일 수도 있습니다.

평생 멈추지 않을 것 같은 폭우가 쏟아지는 순간이 있습니다. 살다 보면 인간의 힘으로 어쩌지 못하는 천재지변 같은 좌절의 순간도 맞닥뜨리게 됩니다.

저는 그런 당신께 "다 지나간다."라고 감히 말할 수 없습니다. 대신 폭풍우를 있는 그대로 받아들일 수 있기를, 그 속에서 자신만의 우산을 찾고 깨달음이라는 무지개를 보는 그날이 오기를 조용히 바랍니다.

폭풍우 속에서 한 줄기 햇살을 찾는 일은 스스로의 몫입니다. 때로는 그저 숨을 쉬며 비를 맞고 있는 것만으로도 충분합니다. 살아있다는 기적이야말로 가장 큰 우산이 아닐는지요.

당신이 맞은 모든 비와 바람이 당신 자체입니다.

폭우에 젖은 순간들과 맑은 하늘의 나날들, 모든 날이 당신만의 역사를 만들었습니다.

우리는 혼자가 아닙니다. 당신의 곁에 있는 사람도 함께 폭풍우를 견디고 있습니다. 지구 반대편 너머의 누군가도 같은 비바람을 맞고 있습니다. 그들의 이야기에 귀를 기울이고 진심을 나누며 위로를 얻을 수 있습니다.

같은 비바람을 견디고 있는 서로에게 해줄 수 있는 것은 함께 우산을 들고 길을 나서는 것입니다. 나만의 빗소리를 들려주세요. 그리고 다른 이가 마주하는 폭풍 이야기에 귀를 기울여 봅니다.

수많은 작은 물방울 안에서 행복을 끄집어내세요. 삶의 이유를 만들어 그 안에서 살아갈 힘을 얻어 보세요. 그 의미들이 우산이 되어 당신을 지켜줄 것입니다. 그 안에 작은 위로와 당신이 바라던 답이 숨겨져 있습니다.

"An unhurried sense of time is in itself

a form of wealth."

시간에 대한 느긋한 태도는

본질적으로 풍요의 한 형태이다.

_보니 프리드먼 (Bonnie Friedman)

## 느림의 미학을 익히다

우리는 지금 속도의 시대를 살아가고 있습니다. 빠른 인터넷, 즉석 커피, 1분 동영상. 모든 것이 숨 가쁘게 빨라지고 있습니다. 우리도 그 속도에 맞춰 달리고 있습니다. 하지만 잠시 멈춰 생각해 보세요. 이 끝없는 질주 속에서 무엇을 잃고 있을까요?

시간과 에너지는 유한합니다. 하지만 우리가 쫓는 목표, 욕망, 그리고 속도는 무한해 보입니다. 이 불균형 속에서 우리는 지치고, 좌절하고, 때로는 무너집니다.

저는 걸음걸이가 느립니다. 드라마를 보다가 대

사를 놓치면 되돌려 봅니다. 글씨를 쓸 때면 한 획 한 획을 힘주어 천천히 긋습니다. 누군가는 "너는 말하는 것도 느려."라며 웃습니다. 그렇게 고집스레 지켜온 느림의 미학은 저를 단단하게 만들었습니다.

저는 인내가 이 시대의 반항이라고 믿습니다. 느림을 즐기는 것은 이 시대의 혁명입니다. 속도가 아닌 깊이를, 양이 아닌 질을 추구할 때 우리는 진정한 삶의 맛을 느낄 수 있습니다.

한때는 누구보다 빠르게 성장하고 싶다고 생각한 적이 있었습니다. 일을 못한다는 소리를 들을까 봐 서둘러 처리하려고 노력하기도 했습니다. 느림의 미학을 아는 사람은 기다릴 줄 압니다. 내려놓을 줄 압니다. 적절한 순간의 쉼은 흔들릴지언정 부러지지 않게 저를 지켜주었습니다.

좋아하는 일을 위해 오롯이 10분만이라도 몰입해 보세요. 커피 한 잔을 천천히 음미하는 시간을 즐깁니다. 책 한 권을 여유롭게 읽어나가는 순간도 좋습니다. 사랑하는 이의 이야기를 끝까지 듣는 인내는 아름답습니다. 이것들이 삶을 더 풍요롭게 만듭니다.

하루의 작은 목표를 세우고 그것에만 집중해 보는 것도 좋습니다. 여러 가지 일을 동시에 처리하려고 하지 말고, 한 번에 하나씩 정성 들여 끝내 보세요. 이 과정에서 성취감과 만족을 느끼며 느림이 주는 가치를 몸소 깨닫게 될 것입니다.

오늘, 당신에게 권합니다. 잠시 멈추어 숨을 고르세요. 그리고 느림의 아름다움을 발견하세요. 삶을 더 깊이 살아간 사람의 내일은 분명히 다릅니다.

당신의 걸음을 늦추세요. 그리고 놀라운 일들이 일어나는 것을 지켜보세요.

## 3장

# 긍정

### 삶을 밝히는 마음의 태도

"The impediment to action advances action.
What stands in the way becomes the way."
행동에 대한 장애물이 오히려 행동을 촉진한다.
길을 막는 것이 곧 길이 된다.

_마르쿠스 아우렐리우스 (Marcus Aurelius)

## 바람이 불어오는 길 위에서

얼마 전, 저는 인생의 갈림길에서 십수 년 동안 다니던 직장을 퇴사하기로 결심했습니다. 익숙한 일상과 안정된 수입을 포기하는 것은 어려웠지만, 작가의 길을 걷는 것이 당시 제겐 최선의 선택이었습니다.

퇴사 후 맞이한 첫 아침, 기대했던 자유로움 대신 예상치 못한 막막함이 몰려왔습니다. '정말 잘한 선택일까?'라는 질문이 계속 떠올랐습니다. 글을 쓰는 일은 생각만큼 쉽지 않았습니다. 빈 종이 앞에 앉으면 마음속 이야기들이 겁에 질린 듯 사라져버렸습니다.

매일 아침 공백의 페이지를 마주할 때마다 후회와 불안이 함께 찾아왔습니다. '내가 작가가 될 수 있을까?'라는 의심이 결심을 흔들었습니다. 어느새 저는 창밖을 멍하니 바라보는 시간이 늘어갔습니다.

그러던 어느 날, 창밖의 풍경에 시선이 멈췄습니다. 바람에 흔들리는 나뭇잎, 떠가는 구름, 날리는 민들레 씨앗이 모두 하나의 그림처럼 조화롭게 어우러져 보였습니다. 바람이 구름의 길을 안내하고 민들레 씨앗의 안착처를 정해주는 듯했습니다. 모든 것이 연결되어 있다는 깨달음이 자연스럽게 찾아왔습니다.

그 순간, 마음이 평온해졌습니다. 자연의 섭리를 이해하니, 제 삶의 변화도 자연스러운 과정임을 받아들일 수 있었습니다. 새로운 길을 걷는 두려움마저 내가 선택한 과정의 일부라는 사실을 받아들였습니다.

퇴사 후 작가라는 길에 선 제 모습이 자연스럽게 투영되었습니다. '새로운 도전은 쉽지 않지만, 이 과정이 나를 더 단단하게 만들어 줄 거야.'라는 생각에 큰 위안을 얻었습니다.

다시 마음을 다잡고 하루하루 글을 쓰기 시작했습니다. 그러다 보니 조금씩 저만의 목소리를 찾을 수 있었습니다. 마침내 첫 원고를 완성했을 때, 그 성취감은 그동안의 불안과 의심을 한번에 씻어냈습니다. 도전을 받아들이자 비로소 새로운 목표를 향한 열정과 힘은 내 인생의 방향을 더욱 뚜렷하게 밝혀주었습니다.

긍정적인 마음가짐은 새로운 도전을 위한 단단한 발판이 됩니다. 그 마음은 인생의 변화를 이끄는 가장 강력한 힘입니다.

우리 모두의 삶에는 바람이 불어오는 순간이 있습니다. 그 바람을 두려워하지 말고 그 흐름을 타고 더 높이 날아오르는 용기를 내야 합니다. 꿈을 향한 도전이 시작되는 그 순간, 이미 당신은 성공을 향해 한 걸음 더 다가선 것입니다.

"We don't see things as they are,
we see them as we are."
우리는 사물을 있는 그대로 보지 않고,
우리 자신의 모습대로 본다.

_아나이스 닌(Anaïs Nin)

## 마음의 거울, 세상을 밝히다

 우리가 매일 보는 세상은 마음이라는 거울에 비친 모습입니다. 아침에 일어나 느끼는 첫 기분이 그날 하루를 좌우합니다. 어떤 날은 모든 것이 예뻐 보이고 또 어떤 날은 작은 일에도 짜증이 납니다. 이건 세상이 바뀐 게 아니라, 우리가 세상을 바라보는 방식이 달라졌기 때문입니다.

 행복은 저절로 오지 않습니다. 매일 우리가 만들어가는 것입니다. 긍정적인 마음을 기르는 연습은 곧 행복을 키우는 일입니다. 반면 부정적인 생각에 빠지면 우리는 쉽게 불행해집니다.

우리의 내면은 세상을 바라보는 창문과도 같습니다. 자신을 어떤 마음으로 바라보느냐에 따라 외부 세계도 다르게 보입니다. 마음의 거울이 흐려지면 세상 또한 어둡고 흐릿하게 보입니다. 그러나 이를 잘 관리하면 세상은 더 밝고 선명하게 빛날 것입니다.

힘든 순간일수록 희망을 찾으려 노력해야 합니다. 불안하고 두려운 감정이 밀려올 때, 그 감정에 휩쓸리지 말고 차분히 깊은 호흡 해보세요. 그리고 스스로에게 '괜찮아, 나는 할 수 있어.'라고 다독여 보세요. 우리의 사고가 밝으면 삶도 밝아지고 어두우면 삶도 어두워집니다. 희망은 작은 다짐에서 시작됩니다.

내면의 빛이 밝고 따뜻할 때, 세상도 더 아름답게 보입니다. 이것은 단순한 착각이 아닙니다. 긍정적인 마음은 우리의 행동과 태도를 바꿔 실제로 주변 사람들과 환경에 긍정적인 변화를 일으킵니다.

매일 아침 거울을 보며 자신에게 미소를 지어보

세요. 그 미소로 하루를 시작할 때, 당신의 밝은 에너지가 주변을 환하게 비출 것입니다.

　기억하세요. 당신의 마음이 맑고 밝을 때, 세상도 그만큼 더 아름답게 빛난다는 것을요.

"The first and best victory is to conquer self."
가장 첫 번째이자 최고의 승리는
자기 자신을 이기는 것이다.

_플라톤 (Plato)

## 시련 속에서 발견한 내면의 힘

삶은 때때로 우리에게 예기치 못한 시련을 안겨 줍니다. 일상의 크고 작은 문제들이 우리의 마음을 흔들어 놓곤 하지요. 저 역시 그런 순간을 겪었습니다.

몇 해 전, 암 진단을 받고 수술과 항암 치료를 진행했습니다. 처음 암 진단을 받았을 때는 마치 세상이 무너지는 것 같았고 깊은 절망에 빠졌습니다. 앞으로 어떻게 살아가야 할지 막막했습니다. 그러나 이 고통스러운 경험을 통해 저는 삶의 균형을 지키는 것이 얼마나 중요한지 깨닫게 되었습니다.

평온이란 단순히 고요한 상태를 뜻하는 것이 아니라 폭풍 속에서도 중심을 잃지 않고 어둠 속에서도 희망의 빛을 찾아내는 힘이었습니다.

특히 힘든 치료 과정 중에도 '지금 이 순간'에 집중하려고 노력했습니다. 스치는 일상 속에서 소소한 행복을 찾으려는 마음챙김 연습 덕분에 고통스러운 상황에서도 평온을 유지할 수 있었습니다.

가족과 친구들의 지지, 그리고 같은 경험을 가진 사람들과의 대화도 큰 힘이 되었습니다. 그들의 이야기를 듣고 제 경험을 나누면서 혼자가 아니라는 것을 깨달았고 그 사실은 제 마음에 큰 위로가 되었습니다.

그때 처음 글쓰기의 힘을 알게 되었습니다. 매일 밤, 그날의 감정과 생각들을 노트에 적어 내려갔습니다. 처음에는 혼란스럽고 고통스러운 감정들이 주를 이루었지만 시간이 지나면서 내면의 목소리에 귀를 기울이기 시작했습니다.

글쓰기는 저에게 감정을 명확히 이해하고 객관화할 힘을 주었습니다. 때로는 제 글을 마치 타인의 이야기처럼 읽어보며 새로운 통찰을 얻기도 했습니다. 이 경험을 통해 감정을 억누르기보다는 있는 그대로 마주하는 법을 배웠습니다.

두려움이나 슬픔이 밀려올 때도 그 감정에 휩쓸리지 않고 한 걸음 물러서서 그것들을 객관적으로 바라보며 의미를 찾으려 노력했습니다. 감정을 정리하고 생각을 정돈하는 습관은 마음을 다스리는 첫걸음이 되었습니다.

내면의 평정을 지닌 사람은 어떤 상황에서도 자신만의 길을 찾아 나갈 수 있습니다. 결국, 긍정적인 마음을 가진 사람은 외부의 혼란에도 흔들리지 않습니다. 우리는 삶의 거친 파도 속에서 자신만의 평온을 지키며 흔들리지 않고 앞으로 나아가야 합니다.

매일의 작은 실천들이 모여 우리의 삶을 더욱 의미 있게 만들어 갑니다. 다양한 경험을 통해 얻은 내면의 힘은 앞으로도 어떤 어려움이 와도 그것을 극복해 나갈 수 있도록 해줍니다.

여러분도 각자의 삶에서 마주치는 어려움 속에서 자신만의 힘을 발견하시기를 바랍니다.

"Was mich nicht umbringt, macht mich stärker."
나를 죽이지 않는 것은 나를 더 강하게 만든다.

_프리드리히 니체 (Friedrich Nietzsche)

## 꽃은 바람에도 꺾이지 않는다

거센 바람이 불면 꽃은 흔들립니다. 그러나 이는 저항하려는 것이 아닙니다. 꽃은 바람을 거부하지 않고 그 흐름에 몸을 맡기며 춤을 추듯 움직입니다. 우리 삶도 이와 닮았습니다.

삶에서 피할 수 없는 것은 변화입니다. 예기치 못한 상황이 닥치면 우리는 불안해하고 이를 극복하려고 애씁니다. 하지만 진정한 강인함은 상황을 억지로 이기려는 것이 아니라, 그에 맞춰 스스로를 조정하는 데 있습니다. 마음에 여유와 융통성을 가질 때 비로소 변화 속에서 균형을 찾을 수 있습니다.

직장에서 끊임없는 마감의 압박, 학업 성적에 대한 부담, 그리고 인간관계에서 오는 복잡한 감정들이 우리를 흔들리게 합니다. 저 또한 바쁜 일상 속에서 많은 어려움을 겪었습니다. 해야 할 일들이 쌓여 벅차고 그 안에서 어떻게 해야 할지 몰라 혼란스러웠습니다. 모든 것을 잘 해내고 싶다는 마음이 컸지만, 그럴수록 점점 더 지쳐갈 뿐이었습니다.

몸과 마음이 모두 한계에 이르렀을 때, 문득 깨달았습니다. 저에게 필요한 것은 모든 일에 맞서기보다는 상황에 맞춰 스스로를 조정하며 유연하게 대처하는 법이라는 것을요.

그제서야 바쁜 일상을 잠시 멈추고 내가 통제할 수 없는 일에는 과도한 힘을 쏟지 않기로 마음먹었습니다. 모든 일을 완벽하게 해내려 하기보다는 그 상황에서 할 수 있는 최선의 노력을 했습니다.

여러분도 지금 인생의 폭풍 한가운데 있나요? 그렇다면 잠시 멈추어 깊게 숨을 들이쉬고 그동안 견

녀온 모든 순간들을 떠올려 보세요. 그 모든 시간이 지금의 강인한 당신을 만든 것임을 기억하시길 바랍니다.

역경을 이겨내는 힘은 단순히 견뎌내는 인내가 아니라, 어려움 속에서도 자신을 잃지 않고 새로운 길을 찾는 데서 나옵니다. 강풍 속에서도 꽃이 아름다움을 잃지 않듯이, 우리도 고난 속에서 더욱 빛날 수 있습니다. 중요한 것은 그 과정에서 어떤 사람이 될지 선택하는 것입니다.

삶의 도전은 우리를 시험하지만, 그것은 우리를 무너뜨리기 위한 것이 아닙니다. 오히려 그 과정에서 우리는 더 깊이 뿌리내릴 수 있습니다. 역경이 거셀수록 우리의 뿌리는 단단해지고 그 속에서 발견하는 자신은 더욱 강해집니다.

어려움은 우리에게 중요한 선택의 기회를 줍니다. 흔들림 속에서 중심을 잡을 것인지 휩쓸릴 것인지, 그 결정이 우리의 삶을 좌우합니다. 때로는 역경을 피하지 않고 그 흐름을 받아들이며 나아갈 때 가장 멀리 갈 수 있습니다.

역경 속에서도 무너지지 않고 그 속에서 조화를 이루는 법을 배워야 합니다. 꽃이 바람 속에서 더욱 아름답게 피어나듯, 우리도 삶의 고난 속에서 더 강하고 빛나는 존재로 성장할 수 있습니다.

우리 모두가 삶의 폭풍 속에서도 꽃처럼 아름답게 피어날 수 있기를 희망합니다.

"天下難事 必作於易, 下大事 必作於細"
천하의 어려운 일은 반드시 쉬운 것에서 시작하고, 큰 일은 반드시 작은 것에서 시작한다.

_『도덕경』 제63장

## 나비의 작은 날갯짓처럼

어느 평범한 아침, 저는 무거운 몸을 이끌고 눈을 떴습니다. 전날의 피로가 아직 가시지 않은 채 해야 할 일들이 머릿속을 맴돌아 두통이 느껴졌습니다. 침대에서 쉽게 일어나지 못하고 있을 때, 문득 옆을 보니 딸아이가 방긋 웃으며 저를 바라보았습니다.

딸의 작은 미소는 마치 "오늘도 힘내세요!"라고 말해주는 것 같았습니다. 저도 모르게 "고마워."라는 말을 하며 웃음을 지었습니다. 그 작은 얼굴에서 피어난 미소는 마법처럼 제 마음을 따뜻하게 감싸주었습니다. 그순간 순식간에 피곤함과 두통이 사라지는 듯했고 하루를 시작할 새로운 힘이 솟아났습니다.

우리의 뇌는 긍정적인 자극에 반응하여 세로토닌과 도파민 같은 '행복 호르몬'을 분비합니다. 이는 단순히 기분을 좋게 만드는 것을 넘어 스트레스를 줄이고 면역 체계를 강화합니다.

긍정의 효과는 개인을 넘어 사회적으로도 확장됩니다. 심리학자 바바라 프레드릭슨의 '확장-구축 이론'에 따르면 긍정적 감정은 우리의 사고와 행동 범위를 넓히고 장기적으로 개인의 성장과 사회적 관계 개선에 도움이 된다고 합니다.

이처럼 일상 속 작은 변화가 가져오는 힘은 놀라울 정도로 큽니다. 이것은 '자기실현적 예언'의 원리라고 하는데 우리가 긍정적으로 생각하고 말할 때, 그에 맞는 행동을 하게 되고 결과적으로 우리의 예상대로 긍정적인 결과를 얻게 되는 것입니다. 그것은 주변 사람들에게도 긍정적인 영향을 미치며 서로의 관계를 더욱 돈독하게 만들어줍니다.

아기의 순수한 미소처럼, 일상 속 작은 순간들은

우리의 삶을 지탱해 주는 소중한 보물입니다. 서로에게 주고받는 작은 순간들이 모여 결국 큰 긍정의 변화를 만들어냅니다. 이것은 '사회적 전염' 현상으로 설명될 수 있습니다. 한 사람의 긍정적인 행동이 주변 사람들에게 전파되어 점차 사회 전체로 확산되는 것입니다.

마치 나비의 작은 날갯짓이 멀리 있는 곳에 폭풍을 일으킬 수 있다는 '나비효과'처럼 우리의 작은 긍정적 행동 하나하나가 세상을 변화시키는 큰 힘이 될 수 있습니다.

"和顏悅色"

**온화한 말과 얼굴빛은 남을 이끌게 한다.**

_『논어』학이편

## 서로의 마음에 온기를 전하다

 때로는 작은 말 한마디가 큰 온기를 전해줍니다. 따뜻한 언어는 추운 날씨에 손을 녹이는 난로처럼 마음을 편안하게 감싸줍니다. 일상에서 쉽게 사용하는 말 속에도 따뜻함을 담을 수 있습니다. 부정적인 말 대신 긍정의 언어로 서로에게 다가가는 순간, 그 말은 마음의 문을 여는 열쇠가 됩니다.

 마셜 로젠버그가 제안한 비폭력 대화는 긍정의 언어를 통해 서로의 감정에 공감하고 이해하는 소통 방식을 강조합니다. 상대방을 비난하거나 공격하지 않고 관찰한 사실과 내 감정을 진솔하게 표현하며 상대방의 마음을 존중하는 태도를 갖추는 것입니다.

예를 들어, 실수를 지적할 때
"왜 그랬어?"
라는 날카로운 질문 대신,
"이 부분에서 실수가 있었는데 무슨 일 있었어?"
라고 물어보면 상대는 더 편안하게 자신의 이야기를 나눌 수 있습니다. 그 한마디 속에는 서로를 향한 따뜻함과 이해가 담겨 있습니다.

긍정의 언어는 단순히 부드러운 표현을 넘어 상대방의 마음을 진심으로 이해하고 존중하려는 의지가 담긴 소통입니다. 작은 말 한마디로 시작되지만 그 말 속에는 깊은 사랑이 숨어 있습니다.

마치 얼어붙은 길을 함께 걷는 두 사람이 손을 맞잡고 걷는 것처럼, 우리는 그 작은 순간 서로를 더 깊이 이해하고 함께 나아갈 힘을 얻게 됩니다.

이러한 긍정의 말은 마치 물 위에 던져진 작은 돌멩이처럼 잔잔한 파동을 일으킵니다. 처음에는 작은 물결이지만, 그 파동은 점차 퍼져 나가 더 큰 울림을 만들어냅니다. 작은 친절과 따뜻한 말이 모여 세상에 커다란 변화를 일으킵니다.

평소 일상에서도 따뜻한 말로 서로를 격려하고 위로한다면, 그 말은 상대방에게 큰 힘과 용기를 불어넣어 줄 수 있습니다.

긍정의 언어는 그 자체로 세상을 바꾸는 힘을 가지고 있습니다. 우리가 나누는 따뜻한 말들은 결국 우리에게도 다시 돌아와 모두의 삶을 더욱 밝고 온화하게 비춥니다. 그 따뜻함은 누군가의 하루를 비출 뿐 아니라 우리 자신에게도 새로운 희망과 용기를 선사합니다.

"Everything can be taken from a man but one thing: the last of the human freedoms—to choose one's attitude in any given set of circumstances, to choose one's own way."
인간에게서 모든 것을 빼앗을 수 있지만 마지막 한 가지, 즉 어떤 주어진 상황에서 자신의 태도를 선택할 수 있는 인간의 자유만은 빼앗을 수 없다.

_『죽음의 수용소에서』빅터 프랭클 (Viktor Frankl)

## 어두운 터널에도 끝이 있다

때로 우리는 인생에서 깊고 어두운 터널을 지나야 할 때가 있습니다. 주변은 온통 어둠뿐이고 앞이 보이지 않아 방향을 잃은 것처럼 느껴질 때도 있지요. 그럴 때 우리는 쉽게 지치고 불안해집니다. 하지만 기억해야 합니다. 모든 터널에는 반드시 출구가 있습니다.

"인간에게서 모든 것을 빼앗을 수 있지만 마지막 한 가지, 즉 어떤 주어진 상황에서 자신의 태도를 선택할 수 있는 인간의 자유만은 빼앗을 수 없다."
_빅터 프랭클의 『죽음의 수용소에서』

이 말은 어떤 상황에서도 우리가 희망을 선택할 수 있음을 상기시켜 줍니다.

아무리 길고 어두운 터널일지라도 터널의 끝에는 반드시 빛이 있습니다. 우리가 해야 할 일은 그 빛을 향해 한 걸음씩 나아가는 것입니다. 빠르게 달릴 필요는 없습니다. 천천히 걸어도 좋고 잠시 멈춰 숨을 고르며 쉬어가도 괜찮습니다. 가장 중요한 것은 포기하지 않고 계속 나아가는 것입니다.

이때 우리는 내면의 힘을 발견하게 됩니다. 어려움을 겪는 동안 우리는 자신의 한계를 뛰어넘고 새로운 능력을 발견하며 성장합니다. 지금 당장은 모든 것이 희미하고 불확실해 보일지도 모릅니다. 하지만 한 걸음 한 걸음 나아가다 보면 어느새 우리는 밝은 빛 속에 서 있는 자신을 발견하게 될 것입니다. 오늘의 어려움은 내일의 희망으로 이어지는 소중한 과정입니다.

언젠가 우리는 이 터널의 끝에 도달할 것입니다.

그때 뒤돌아보면 깨닫게 될 것입니다. 어둠 속에서 보낸 시간이 헛되지 않았으며 자신이 무척 강해졌음을요. 이 시간은 단지 고난을 견디기만 한 것이 아니라 내면도 깊어진 것입니다.

어둠 속에서도 희망의 빛을 놓지 마세요. 그 희망이 당신을 터널의 끝으로 이끌어줄 것입니다. 지금은 힘들고 고통스러울 수 있지만 그 경험은 당신을 더 강하고 지혜롭게 만들 것입니다.

힘내세요. 당신은 충분히 강합니다. 이 터널을 지나면 당신은 더욱 빛나는 모습으로 세상을 마주할 것입니다. 그때 당신은 다른 이들에게 빛이 되어 그들 또한 어둠을 헤쳐 나갈 수 있도록 돕게 될 것입니다.

## 4장

# 배려

## 마음을 나누는 힘

"The best way to find yourself is to lose yourself in the service of others."
타인을 이해하려는 노력은
가장 고귀한 형태의 배려이다.

_마하트마 간디 (Mahatma Gandhi)

# 작은 배려가 만드는 큰 변화

 우리 삶에서 마주치는 무수한 순간들 중 가장 빛나는 것은 아마도 작은 배려의 순간일 것입니다. 그것은 단순한 행동을 넘어 진심을 담아 건네는 따스한 손길입니다. 때로는 말없이 전해지는 미소나 조용히 곁을 지키는 존재감으로 표현되며 어둠 속에서 한 줄기 빛처럼 우리의 일상을 밝히는 작은 등불이 됩니다.

 바쁜 일상 속에서 힘들어 보이는 동료의 어깨를 가볍게 두드리거나, 지친 하루 끝에 건네는 따뜻한 차 한 잔은 말로 다 할 수 없는 위로가 됩니다. 이런 작은 행동 속에는 상대를 생각하는 마음이 담겨 있으며 때로는 그 작은 배려가 큰 힘이 될 수 있습니다. 우리는 이러한 순간들을 통해 서로의 마음을 나누고 삶의 무게를 함께 덜어낼 수 있습니다.

작은 배려는 단순한 예의나 친절을 넘어 타인의 삶에 깊숙이 스며드는 힘을 가지고 있습니다. 따뜻한 손길은 말보다 큰 감동을 주며 예상치 못한 순간에 누군가의 삶에 중요한 변화를 가져오기도 합니다. 힘든 순간에 건네는 작은 토닥임은 그 시간을 견디게 해주는 큰 위로가 됩니다. 그렇기에 비록 작은 행동일지라도 그 배려의 힘은 결코 작지 않습니다.

우리는 흔히 크고 대단한 것만을 추구하지만 사실, 우리의 삶을 변화시키는 것은 이러한 작은 관심과 따뜻함의 순간들입니다. 돈으로 살 수 없는, 오직 진심으로만 전할 수 있는 마음의 언어입니다. 누군가의 아픔에 귀 기울이고 지친 이의 손을 잡아주며 그저 "괜찮아?"라는 말 한마디를 건네는 작은 행동들이 모여 세상을 조금 더 따뜻하고 살기 좋은 곳으로 만듭니다.

오늘도 우리는 누군가에게 손길을 내밀 수 있습니다. 따뜻한 손길 한 번이 세상을 바꾸지는 못해도 누군가의 하루는 바꿀 수 있습니다.

"The purpose of human life is to serve and to
show compassion and the will to help others."
인생의 가장 큰 행복은 타인을 위한
삶 속에서 발견된다.

_알버트 슈바이처 (Albert Schweitzer)

# 타인의 신발을 신어보다

우리는 종종 "그 사람 입장에서 생각해봐."라는 말을 합니다. 하지만 실제로 그렇게 하는 것은 결코 쉽지 않습니다. 자신의 경험, 가치관, 편견이라는 단단한 갑옷을 입고 살아가기 때문입니다.

진정으로 타인을 이해하려면 그 갑옷을 벗어던질 용기가 필요합니다. 내가 알고 있던 세상을 잠시 내려놓고 전혀 다른 시선으로 세상을 바라보는 것. 그것이야말로 타인을 이해하는 첫걸음입니다.

얼마 전 남편이 먼저 퇴사하고 제가 가장의 역할을 맡게 되었습니다. 그 전까지는 미처 알지 못했습니다. 가족을 책임져야 한다는 부담감은 생각보다 훨씬 무거웠습니다. 매달 생활비를 마련하고 예상치 못한 상황에 대비하며, 그동안 남편이 느꼈을 책임의 무게를 비로소 실감할 수 있었습니다. 그제야 남편이 겪었던 어려움을 깊이 이해하게 되었습니다. 상대방의 입장에서 생각해 본다는 것이 얼마나 중요한지 절실히 깨닫게 되었습니다.

타인의 입장이 되어 본다는 것은 상상 그 이상의 경험입니다. 그들의 고충을 실제로 느끼고 그들의 시선으로 세상을 바라보며 감정을 체험하는 것입니다. 이를 통해 우리는 진정한 이해와 공감에 한 걸음 더 다가갈 수 있습니다.

그러나 이 과정은 때로는 불편하고, 때로는 고통스럽기까지 합니다. 나와는 전혀 다른 삶을 사는 사람을 진심으로 이해하려면 내가 알고 있던 세상의 경계를 허물어야 하기 때문입니다. 익숙했던 기준들을 내려놓고 전혀 다른 방식으로 세상을 바라봐야 합니다.

그 경험은 우리가 더 넓은 세상을 바라보고 더 깊은 이해와 배려를 실천할 수 있도록 만들어줍니다. 가족, 친구, 이웃의 하루를 상상하며 그들이 겪는 고민과 필요를 이해하려는 노력만으로도 충분히 의미 있는 일이 될 것입니다.

당신의 작은 노력이 누군가에게는 큰 위로가 될 수 있습니다. 누군가의 신발을 신어 보고 그 경험에서 배운 것을 실천해 보는 일은 우리 모두에게 가치 있는 도전이 될 것입니다.

"Not all of us can do great things. But we can do small things with great love."
우리는 큰 일을 할 수 없지만,
작은 일을 큰 사랑으로 할 수 있습니다.

_마더 테레사 (Mother Teresa)

## 따뜻한 시선, 마음을 녹이다

우리는 "말 한마디에 천 냥 빚을 갚는다."라는 속담을 알고 있습니다. 하지만 때로는 말보다 더 강력한 것이 있습니다. 바로 따뜻한 눈빛, 부드러운 미소, 작은 손짓 같은 무언의 표현들입니다.

사람과의 관계에서 진정한 배려는 반드시 말로만 전해지는 것이 아닙니다. 마음을 담은 작은 행동과 시선에서 시작됩니다. 그 따뜻한 시선이 상대방의 마음을 녹이고 그들을 이해하는 출발점이 됩니다.

하지만 우리는 종종 자신의 감정에 갇혀 타인을 향한 따뜻한 시선을 잃어버리곤 합니다. 일상에서 쌓이는 스트레스와 바쁜 일들은 종종 우리를 타인의 감정에 둔감하게 만듭니다. 하지만 이런 순간에 따뜻한 시선은 더욱 큰 힘을 발휘합니다. 친구가 고민에 빠졌거나 가족이 지친 얼굴로 집에 돌아왔을 때, 이유를 묻기 전에 따뜻한 시선으로 바라봐주세요. 그것만으로도 그들은 자신의 감정을 공감받고 있다고 느낄 수 있습니다.

형식적인 미소나 공허한 위로가 아닌, 진심 어린 관심과 배려가 있을 때 작은 표현들이 진정한 의미를 가집니다. 그것은 상대방에게 "당신을 존중하고, 당신의 감정을 이해하고 있다."라는 메시지를 전달합니다.

따뜻한 시선은 단순한 행동을 넘어서는 배려입니다. 우리는 상대방을 위로하고자 많은 말을 하려고 하지만 때로는 말보다 깊은 교감이 눈빛 하나로 전달되기도 합니다.

지금 곁에 있는 사람과 말없이 10초간 눈을 마주

쳐 보세요. 조금 쑥스럽긴 하지만 짧은 그 순간에 서로의 마음을 깊이 느낄 수 있을 것입니다.

말없이 나누는 교감의 시간은 상대방을 이해하고 공감하는 가장 진실한 순간이 될 수 있습니다.

"Silence is the authentic language of Being."
침묵은 존재의 가장 고유한 언어이다.

_ 마르틴 하이데거 (Martin Heidegger)

## 침묵의 언어로 전하는 위로

때로는 침묵이 말보다 더 강력한 위로의 힘을 발휘합니다. 우리는 누군가가 힘든 상황에 처했을 때, 그들의 고통을 덜어주기 위해 무언가를 말해야 한다는 부담을 느끼곤 합니다. 하지만 때로는 침묵이 말보다 더 큰 위로가 될 수 있습니다. 말없이 그들의 곁을 지키고 그들이 혼자가 아님을 느끼게 해주는 것이야말로 진정한 배려와 위로의 시작입니다.

심리치료 연구에서도 이와 같은 원리가 입증되었습니다. 치료사가 내담자의 말을 경청하며 침묵 속에서 공감하는 시간이 내담자에게 정서적 안정과 위로를 준다는 연구 결과가 있습니다. 내담자가 자신의 감정을 표현할 때, 치료사가 문제를 해결하려는 조언 대신 잠시 침묵하며 공감의 시간을 주는 것이 훨씬 큰 효과를 발휘합니다. 이는 일상 속에서도 말없이 함께하는 시간이 상대방에게 얼마나 큰 위로가 될 수 있는지를 잘 보여줍니다.

가장 힘든 순간에는 어떤 말도 위로가 되지 않을 때가 있습니다. 슬픔에 잠긴 사람에게 적절한 말을 찾기 어려울 때는 차라리 말없이 그 옆에 앉아 침묵 속에서 감정을 받아들이는 것이 더 큰 힘이 됩니다. 그저 조용히 시간을 함께 보내주는 것만으로도 상대방은 고통을 나누고 있다는 느낌을 받게 됩니다. 말로는 전할 수 없는 깊은 위로를 전헤줍니다.

침묵은 그냥 아무 말도 하지 않는 것이 아닙니다. 그것은 상대방의 고통과 감정을 진심으로 이해하고 그들이 스스로 표현할 수 있도록 기다려주는 배려의 시간입니다.

우리는 종종 상대방의 문제를 해결해 주고 싶어

하지만 그들이 진정으로 바라는 것은 해결책이 아닌 공감과 이해일 때가 많습니다. 이럴 때, 말없이 함께 있어주는 것이야말로 때로는 가장 큰 위로가 될 수 있습니다.

말로 다 해결할 수 없는 순간, 침묵 속에서 더 큰 배려와 공감을 전할 수 있다는 사실을 기억해야 합니다.

"Our ability to reach unity in diversity will be the beauty and the test of our civilization."
다름을 인정하고 받아들이는 것이야말로
진정한 평화로 가는 길이다.

_마하트마 간디 (Mahatma Gandhi)

## 다름을 존중하는 마음

우리는 모두 다릅니다. 각자의 경험, 가치관, 그리고 생각이 세상을 더 다채롭게 만듭니다. 그러나 이 '다름'이 때로는 우리 사이에 벽을 만들기도 합니다. 타인의 선택이나 행동이 이해되지 않을 때, 우리는 쉽게 그들을 판단하고 오해를 합니다. 하지만 이는 자신의 좁은 시각에서 비롯된 것일 수 있습니다. 다름을 진정으로 이해하고 받아들이려면, 먼저 자신의 한계를 인식하고 열린 마음으로 상대방을 바라보는 태도가 필요합니다.

얼마 전, 오랜 친구가 직장을 그만두고 자신의 사업을 시작하겠다고 했습니다. 저는 그 결정을 이해할 수 없었습니다. 안정적인 직장을 떠나 불확실한 길을 걷겠다는 선택이 무모해 보였기 때문입니다. 처음에는 그녀가 잘못된 결정을 내렸다고 판단하고 반대했습니다.

그러나 자초지종을 듣고 나니 그녀에게 저와는 전혀 다른 생각과 이유가 있음을 알게 되었습니다. 그녀는 직장에서 더 이상 개인적인 성장을 느끼지 못했습니다. 그래서 새로운 도전을 통해 자신의 꿈을 이루고 싶어 했던 것입니다.

저는 그제야 깨달았습니다. 내 기준으로 타인을 판단하는 것이 얼마나 편협할 수 있는지, 그리고 그것이 얼마나 쉽게 오해를 불러일으킬 수 있는지를요. 우리는 각자 서로 다른 배경 속에서 살아가기 때문에, 그 다름을 존중하는 것이 얼마나 중요한지 다시 한번 깊이 느끼게 되었습니다.

우리는 종종 익숙한 것에 안주하며 자신과 다른 것들을 경계합니다. 이는 자연스러운 반응이지만, 그럴 때마다 우리는 스스로를 제한하고 새로운 시각과 경험을 놓치게 됩니다. 자신이 알고 있는 세계에 갇혀 다름을 배척하면 우리 삶의 폭은 점점 좁아집니다. 반대로 나와 다른 관점을 받아들이고 이해하려는 용기를 낼 때, 우리는 더 넓고 깊은 삶을 경험할 수 있습니다.

진정한 배려는 이러한 '다름'을 인정하는 것에서 시작됩니다. 상대방의 관점에서 세상을 바라보고 때로는 나의 고정관념을 깨뜨릴 용기를 내는 것, 이것이야말로 진정한 배려입니다.

단순히 "너는 나와 다르다."라고 인정하는 것만으로는 충분하지 않습니다. 다름을 깊이 이해하고 존중하려는 노력이 필요합니다. 그 과정에서 배우고 나의 한계를 넓히는 것이야말로 다름을 진정으로 받아들이는 자세입니다.

나와 다른 의견을 가진 사람의 이야기를 경청하고, 그들의 입장에서 생각해 보는 것만으로도 상대방은 자신이 존중받고 있다고 느낍니다.

친구나 가족의 다른 생각과 삶의 방식을 존중하는 태도는 상대방과의 신뢰를 쌓고 더 깊은 관계를 형성하는 밑거름이 됩니다. 이렇게 일상 속 작은 배려와 포용이 쌓이면, 주변 사람들과의 관계도 더 깊어질 것입니다.

"The meeting of two personalities is like the contact of two chemical substances: if there is any reaction, both are transformed."
당신이 상대방을 이해하려는 만큼만 상대방도 당신을 이해할 것이다.

_칼 구스타프 융(Carl Gustav Jung)

## 마음의 문을 열다

 우리는 각자의 세계 속에서 살아갑니다. 타인을 맞이하는 일은 때로 두렵고 불편하게 느껴질 때가 많습니다. 익숙한 세상에서 벗어나 타인과 관계를 맺는 일은 결코 쉽지 않기 때문입니다. 마음의 문을 열 때 비로소 진정한 소통과 이해가 시작됩니다. 그 문을 열지 않는다면, 우리는 타인을 제대로 알 기회조차 얻지 못할 것입니다.

 심리학에서는 이러한 현상을 '방어기제(Defense Mechanism)'라고 부릅니다. 방어기제란 자아가 스트레스나 불안으로부터 자신을 보호하기 위해 무의식적으로 사용하는 심리적 전략을 말합니다.

그 중에서도 정서적 벽 쌓기는 흔히 사용되는 방어기제 중 하나로, 거부나 실망을 피하기 위해 타인과의 소통을 차단하거나 감정을 억제하는 것을 말합니다. 그러나 이 벽은 우리를 보호하면서 동시에 고립시키기도 합니다. 벽을 쌓음으로써 우리는 상처받지 않을 수 있지만, 그와 동시에 타인과의 깊은 관계 형성도 막히게 됩니다.

예전에 직장에서 늘 과묵하던 동료가 있었습니다. 그녀는 자존감이 낮아 보였고 감정 표현도 거의 하지 않아서 처음에는 다가가기가 어려웠습니다. 나중에야 그녀가 오랫동안 다른 동료들로부터 소외감을 느꼈고 그로 인해 깊은 상처를 안고 있었다는 사실을 알게 되었습니다. 그녀는 타인에게 다가가는 것을 두려워했고 차라리 외톨이가 되기를 선택했던 것입니다. 그 벽은 스스로 보호하려는 방어기제였습니다.

만약 내가 먼저 마음을 열고 다가가지 않았다면 그녀의 힘든 마음을 영영 알지 못했을 것입니다. 이 경험은 나에게 중요한 깨달음을 주었습니다. 타인을 진정으로 이해하고 소통하려면 내가 먼저 마음을 열고 다가가야 한다는 사실입니다.

진정한 배려와 소통은 바로 이 벽을 허무는 데서 시작됩니다. 타인의 이야기에 귀를 기울이고 그들의 감정에 공감하며 때로는 자신의 감정을 솔직하게 드러낼 때, 우리는 비로소 서로에게 다가갈 수 있습니다. 이 과정에는 용기가 필요합니다.

자신의 취약함을 인정하고 드러내는 것이 때로는 두려울 수 있지만 그것은 타인과의 관계를 더욱 깊고 의미 있게 만드는 중요한 열쇠입니다. 감정을 나누고 마음을 열어 보여줄 때, 우리는 서로 더 가까워지고 깊은 이해와 공감을 나눌 수 있습니다.

이 과정에서 신뢰가 쌓이고 관계는 더욱 견고해집니다. 마음을 닫고 방어적인 자세를 취할 때보다, 서로의 진심을 나누는 과정에서 오히려 더 큰 위로와 배려를 느낄 수 있습니다. 마음을 열고 서로의 차

이를 받아들이고 존중할 때 진정한 소통의 기회를 얻게 됩니다.

"Self-care is never a selfish act - it is simply
good stewardship of the only gift I have,
the gift I was put on earth to offer others"
자기 돌봄은 결코 이기적인 행동이 아닙니다.
그것은 단지 내가 가진 유일한 선물, 즉
이 세상에 와서 다른 이들에게 주도록 맡겨진
소중한 선물을 잘 관리하는 것일 뿐입니다.

_ 파커 j. 파머(Parker J. Palmer)

# 스스로를 위한 다정한 배려

우리는 흔히 배려를 타인을 위한 행동으로만 생각합니다. 누군가를 돕고 상대방의 기분을 살피는 것이 배려의 본질이라 믿기 쉽습니다. 그러나 진정한 배려는 자신을 향한 마음에서 시작됩니다. 나를 돌보고 내면을 보살피는 것 또한 중요한 배려의 한 형태입니다.

왜 자기 배려가 중요한 걸까요? 우리의 삶은 늘 바쁘고, 매일 여러 역할을 해내야 합니다. 가정, 직장, 사회에서 다양한 책임이 때로 우리를 무겁게 짓누릅니다. 이런 일상 속에서 우리는 자주 자신을 돌보는 일을 뒤로 미룹니다. "나중에 쉬면 돼." 또는 "이 정도는 견딜 수 있어."라고 스스로를 몰아붙이기 일쑤입니다. 하지만 자기 관리를 소홀히 하면 결국 마음과 몸이 지치고 타인을 배려할 여유조차 잃게 됩니다. 내면의 균형을 잃은 상태에서는 진정한 배려를 지속하기 어렵습니다.

자기 배려는 나를 위한 시간을 허락하는 것에서 출발합니다. 잠시 여유를 찾고 혼자만의 시간을 가지며 좋아하는 활동으로 마음의 안정을 되찾는 것이 그 첫걸음입니다. 모든 것을 내려놓고 내 마음과 몸에 귀를 기울일 때 비로소 진정한 휴식을 취할 수 있습니다.

때로는 '이것이 너무 이기적인 행동이 아닐까?'라는 생각이 들 때도 있습니다. 하지만 자신을 돌보는 것은 결코 이기적이지 않습니다. 비행기에서 산소마스크를 먼저 자신에게 착용하라는 지시처럼, 우리는 먼저 자신을 돌봐야만 다른 이를 효과적으로 도울 수 있습니다.

때로 "괜찮아, 잘하고 있어."라고 스스로를 다독이는 작은 위로가 될 수 있습니다. 혹은 자신에게 주는 휴식의 선물이 될 수도 있습니다. 우리는 스스로에게도 따뜻한 시선을 보낼 자격이 충분합니다. 자신에게 다정하게 대하는 법을 배우는 것, 그것이야말로 진정한 자기 배려입니다.

잠시 멈추어 자신에게 물어보세요. "나는 잘 지내고 있나요?" 그 대답에 귀 기울이며 자신에게 따뜻한 배려를 베풀어 보세요. 스스로에게 주는 작은 배려가 당신의 하루를 더 행복하게 만들고 나아가 타인에게도 더 나은 사람이 될 수 있는 기회를 줍니다. 배려는 타인만을 위한 것이 아니라 나 자신에게도 베풀어야 할 중요한 행동입니다.

5장

# 불안

## 두려움, 하지만
## 나를 성장시키는 감정

"Very little is needed to make a happy life; it
is all within yourself, in your way of thinking."
행복한 삶을 사는 데 필요한 것은 거의 없다.
모든 것은 당신이 생각하는 방식에서 찾을 수 있다.

_마르쿠스 아우렐리우스 (Marcus Aurelius)

## 내가 초라하게 느껴진다면

여러분은 지금 행복하신가요?

제가 생각하는 행복은 '지금에 충분함을 느끼는 상태'입니다. 더 바라는 것도, 더 필요한 것도 없는, 그야말로 지금 이대로가 딱 충분한 상태입니다. 그러면 사람들은 저에게 이렇게 물을 것입니다. "지금 행복하세요?"라고요. 아니요. 저는 지금 전혀 행복하지 않습니다. 가지지 못한 많은 것에 욕심내고 있거든요.

우리나라에는 "남의 떡이 더 커 보인다."라는 속담이 있습니다. 타인이 가지고 있는 것을 더 좋게 평가하고 욕심내는 태도가 이 속담에 녹아 있습니다. 우리는 타인이 가진 것을 부러워할 때가 많습니다. 옷이나 가방처럼 눈에 보이는 것부터 화목한 가정이나 성공한 삶 등 눈에 보이지 않는 것까지요.

미국의 사회 심리학자 레온 페스팅거(Leon Festinger)는 1945년, 최초로 사회비교이론을 제시했습니다. 이 이론에 따르면, 사람들은 자신의 능력과 의견을 타인과 비교하며 이를 통해 자신의 가치를 확인하려 한다고 합니다. 타인과 나를 비교하면서 누구보다 위에 있는지, 누구보다 아래에 있는지를 확인하는 것이지요.

비교가 꼭 부정적인 영향만을 가져온다고 단언할 수는 없습니다. 그러나 우리가 비교를 부정적으로 생각하는 이유는 나에게서 부족한 점만 찾기 때문입니다.

내가 초라하고 보잘 것 없이 느껴질 때 이를 극복하는 방법이 있을까요? 있습니다. 바로 있는 그대로의 나를 인정하는 것입니다. 이를 위해 먼저 비교를 멈춰야 합니다. 그리고 관점도 다르게 해야 합니다. 타인이 가지고 있는 것들은 모두 그 사람이 노력한 결과입니다. 우리도 지금까지 살면서 수많은 우여곡절 끝에 현재의 나를 만들 수 있었습니다. 내가 지나온 길을 돌아보며 과거의 내가 만든 흔적들을 떠올려보세요. 내가 가진 것들도 충분히 빛나는 장점으로 보입니다.

생각의 관점을 바꿔서 자신을 바라보세요. 누군가와 비교했을 때 그 사람보다 위나 아래에 있는 내가 아니라, 있는 그대로의 내가 진정한 나입니다. 생각의 변화가 어제보다 행복한 나를 만듭니다.

"We almost always value what others have more highly than what we ourselves have."
우리는 거의 항상 우리 자신이 가진 것보다
다른 사람이 가지고 있는 것을 더 높이 평가합니다.

_아르투어 쇼펜하우어 (Arthur Schopenhauer)

## 소셜 미디어와 불안, 그 끝없는 비교

　퇴근길, 터덜터덜 걸음을 옮겨 겨우 집에 왔습니다. 늦은 저녁 식사와 밀린 집안일까지 해치운 당신, 드디어 자유시간입니다. 침대에 누워 잠들기 전까지는 아무도 방해할 수 없는, 오로지 나만을 위한 휴식 시간이지요. 이때 여러분은 주로 무엇을 하나요? 읽고 싶었던 책을 꺼내 드는 사람도 있을 테고, TV를 보는 사람도 있을 겁니다. 그러나 아마 대부분의 사람들은 자연스럽게 스마트폰을 볼 것 같네요. 제 말이 맞죠?

　Youtube나 Instagram의 유혹을 뿌리칠 수 있는 사람이 과연 몇 명이나 될까요? 저는 한 번 보기 시작하면 계속 빠져들게 되는 게 소셜 미디어의 매력이라 생각합니다. 친구의 사진을 보며 댓글을 쓰고 빨간 하트를 마구 날려줍니다. 다른 사람들이 올리는 평범하지 않은 일상을 보며 대리만족을 느끼다 보면 어느새 시계는 새벽 1시를 넘기고 있습니다.

소셜 미디어는 나의 찬란한 순간을 기록하는 공간입니다. 다른 사람들과의 소통이 간편해진다는 것은 분명한 장점입니다. 그러나 소셜 미디어를 활용하는 시간이 길면 길어질수록 단점도 생깁니다. 소셜 미디어 속의 사람들과 끊임없이 자신을 비교하게 되니까요. 이와 관련된 신조어도 생겼습니다. 대표적인 소셜 미디어의 앞 글자를 따서 만들어진 '카페인 우울증(KakaoStory, Facebook, Instagram)'이 바로 그것입니다.

저는 친구의 Instagram을 보면 항상 부러운 마음이 듭니다. 쉬는 날이면 한껏 꾸미고 전시회도 가고, 맛집에 가서 예쁜 음식 사진도 찍어 올리거든요. 침대에 누워 그런 사진들을 보면서 친구의 일상과 달리 별 볼 일 없는 제 일상을 비하합니다. '내 삶은 왜 이렇게 칙칙하지? 아무 개성도, 색도 없어.' 제 Instagram 피드를 살펴봅니다. 평범하고 재미없는 사진들로 가득합니다. 화려함이라곤 일절 찾아볼 수 없는 무채색입니다.

그러나 잘 생각해 보세요. 소셜 미디어에 올라오는 사진은 삶의 단편일 뿐입니다. 그 사람의 삶 자체를 담고 있진 않습니다. 소셜 미디어를 보며 우울과 불안을 느낀다면 한 발짝 떨어져 보는 건 어떨까요? 비교는 아무런 도움이 되지 않으니 비교를 그만두고 내 삶에 집중해 보세요.

며칠 후, 저는 다시 침대에 누워 잠들기 전 Instagram을 켰습니다. 화사하게 웃고 있는 친구의 모습이 보입니다. 며칠 전의 나는 친구의 사진을 보고 마냥 부러워했습니다. 그러나 이제는 단적인 비교는 하지 않습니다. 그저 빨간 하트 하나를 날려줍니다. 그리고 쉬는 날에는 나도 예쁜 카페에 가서 책을 읽으며 화사한 하루를 보내겠다고 다짐해 봅니다.

"Worry does not empty tomorrow of its sorrow, it empties today of its strength."
걱정은 내일의 슬픔을 없애주는 게 아니라,
오늘 살아갈 힘을 빼앗을 뿐이다.

_코리 텐 붐 (Corrie Ten Boom)

## 나도 내가 왜 불안한지 모를 때

　여러분은 물수제비 놀이를 해봤나요? 물수제비는 물결이 잔잔한 호수나 강가에 작은 돌멩이를 던져 얼마나 멀리 나가는지 보는 놀이입니다. 어릴 때는 왜 돌멩이가 물속으로 가라앉지 않고 저렇게 멀리 나가는 걸까, 궁금해 하기도 하고 신기해하기도 했습니다.

　물수제비를 하면 한동안은 수면이 쉴 새 없이 요동칩니다. 작은 돌멩이 하나가 오랜 시간 수면을 흔들어 놓습니다. 저는 불안이 이 물수제비와 같다고 생각합니다. 잔잔하고 고요한 마음에 작은 걱정거리가 떨어집니다. 그럼 이것이 파동을 만들며 마음을 쉴 새 없이 흔듭니다. 마음을 진정시키려 해도 한 번 흔들린 마음은 좀체 평온해지지 않습니다. 걱정이 우리를 두렵게 만들고 나에 대해 끊임없이 의심하게 만드니까요.

그러나 저는 불안 자체가 위험하다고 생각하지 않습니다. 걱정을 없애기 위해 우리가 하는 노력은 결국 우리를 성장시켜 주기 때문입니다. 시험에서 좋은 성적을 받지 못할까 봐 걱정하는 학생은 원하는 성적을 얻고자 더욱 열심히 공부하는 것과 같습니다.

정말 위험한 것은 불안에 너무 오래 갇혀 있을 때입니다. 우리는 가끔 막연하게 심리가 불안해지기도 합니다. 심장이 빨리 뛰고 호흡이 불규칙해지며 머리는 복잡해집니다. 감기에 걸린 듯 몸이 뜨거워지기도 합니다. 막연하게 불안한 상태에서 빨리 탈출하려면 먼저 막연함을 뚜렷한 형태로 만들어야 합니다.

가장 좋은 방법은 내 마음을 들여다보는 것입니다. 정확히 어떤 이유에서 마음이 흔들리는지 모른다면 그건 내가 마음을 들여다보지 않았기 때문입니다. 생각만 하고 있으면 형태는 명확해지지 않기에 마음속에 둥둥 떠다니는 걱정을 모두 끄집어 내봅시다. 형태를 명확하게 하려면 눈으로 보이게끔 만들어야 합니다.

바로 종이에 적어보는 것입니다. 컴퓨터 메모장을 켜서 타이핑해도 좋습니다. 하나씩 걱정을 적어갈수록 명확한 형태를 가지게 될 것입니다. 이렇게 정확하게 걱정이나 불안을 마주하게 되면 우리는 조금 더 구체적인 해결 방안을 찾을 수 있습니다. 막연한 불안도 더 이상 막연하지 않게 됩니다.

물수제비를 했던 호수가 다시 잔잔해지는 순간은 돌멩이가 물속으로 가라앉을 때입니다. 시간이 지날수록 돌멩이가 만든 파장도 사라집니다. 불안도 마찬가지입니다. 불안이라는 작은 돌멩이가 가라앉을 때까지 기다려주세요. 이내 마음이 고요해지는 것을 느낄 수 있습니다.

"Walking is the best possible exercise.
Habituate yourself to walk very far."
걷기는 최고의 운동이다.
멀리 걷기를 습관화하라.

_토마스 제퍼슨 (Thomas Jefferson)

## 불안해? 그럼 밖에 나가서 걷자

뚜렷하지 않은 걱정과 고민을 명확하게 마주하면 해결할 수 있는 실마리도 보입니다. 지금 당장 해결할 수 있는 고민도 있지만 그렇지 않은 고민은 나를 계속 불안하게 만듭니다. 그렇다고 해서 가만히 있어야 할까요? 저는 한 가지 해결책을 여러분께 제시하고자 합니다. 바로 운동입니다.

운동은 심리 상태에 긍정적인 영향을 줍니다. 많은 연구를 통해 알려진 바에 따르면, 운동은 불안과 우울의 감소에 효과적이며 스트레스 해소에도 아주 좋습니다. 여러분이 불안을 명확하게 마주했지만 해소할 방법이 마땅히 떠오르지 않는다면 가볍게 산책을 해보는 건 어떨까요? 가벼운 걷기 운동만으로도 불안과 스트레스가 완화된다고 합니다.

저는 20대까지만 하더라도 운동을 싫어했습니다. 왜 굳이 힘든 일을 자처하는지 몰랐거든요. 2000년대 초반 유행하던 '몸짱' 열풍도 저와는 관계없는 세계였습니다. 운동보다는 내가 좋아하는 음식을 먹고 푹 자는 게 더 건강한 삶이라고 생각했어요. 스트레스를 받을 때마다 초콜릿으로 범벅된 케이크와 파인트 사이즈의 아이스크림을 먹으며 행복에 젖었습니다. 그런데 참 이상하죠. 분명 내가 좋아하는 것들을 하고 있으면서도 마음 한 구석은 편하지 않았습니다.

29살이 되던 해, 저는 마음 한 구석이 편하지 않은 이유를 알았습니다. 지하철 계단을 오르는데 몇 개 되지 않는 계단도 숨을 헐떡이며 오르는 자신을 발견했거든요. '지하철 계단도 숨을 헐떡이며 오르다니, 정말 창피해.'라며 얼굴이 붉어졌습니다. 제 건강보다는 타인에게 비춰지는 제 모습이 창피해 마음이 편하지 않다는 게 명확한 이유였습니다. 살찐 사람을 혐오하는 사회에서 타인의 시선을 버틸 자신이 없었습니다.

그때부터 저는 운동을 시작했습니다. 그 결과, 지금은 멋진 몸도 만들었고 체력도 좋아졌습니다, 라고 이야기가 끝나면 얼마나 좋을까요. 불행히도 저는 지금도 여전히 사회적인 기준에서는 비만입니다. 그런데 한 가지 달라진 점이 있다면, 더 이상 타인의 시선이 저를 불안하게 하지 않는다는 것입니다.

운동이 마음을 편하게 하는 만병통치약은 아닙니다. 그러나 운동을 하는 동안에는 운동에만 집중하니 부정적인 감정이 끼어들 겨를이 없습니다. 운동을 하면서 땀을 쫙 흘리면 기분도 한결 개운해 집니다. 불안에서 한 발 물러나는 것만으로도 침착하게 대응할 수 있는 힘이 생깁니다.

저는 지금도 마음이 편하지 않거나 이유 없이 불안할 때는 산책에 나섭니다. 기지개를 켜고 한 발짝

씩 앞으로 나가며 지나가는 사람들과 고양이를 봅니다. 항상 그 자리에서 색색의 옷으로 갈아입는 나무를 보며 그 아래에서 심호흡을 하기도 합니다. 눈앞에 펼쳐지는 풍경에 집중하다 보면 어느새 저를 괴롭히던 감정이 사라졌다는 걸 느낍니다. 여러분도 한번 해보세요. 분명 조금씩 변화를 느낄 겁니다.

"We can never obtain peace in the outer world
until we make peace with ourselves."
우리 자신의 평화를 이루기 전까지는
외부 세계에서 평화를 얻을 수 없다.

_달라이 라마 (Dalai Lama)

# 모든 인연을 붙잡을 필요는 없다

 여러분, 지금 스마트폰에 저장된 연락처를 확인해보세요. 모두 몇 개의 연락처가 저장되어 있나요? 우리는 지금 내 스마트폰에 저장되어 있는 연락처보다 더 많은 사람들과 관계를 맺으며 살아갑니다. 가족, 친구, 직장동료 등 여러 사람과 긴밀한 관계를 맺는 건 우리의 삶을 풍요롭게 해줍니다. 그러나 한 편으로는 인간관계가 스트레스로 작용하기도 합니다. 혹시 관계를 유지하려는 부담감이나 갈등에서 오는 불안을 느껴본 적이 있나요?

 티베트 불교의 수장 달라이 라마 14세(Dalai Lama)는 "우리 자신의 평화를 이루기 전까지는 외부 세계에서 평화를 얻을 수 없다."라고 말했습니다. 이 말은 세상의 평화와 조화에 관한 주제를 담고 있지만 저는 인간관계에도 이를 적용할 수 있다고 생각합니다. '우리 자신의 마음 속 안정을 이루기 전까지는 건강한 인간관계를 얻을 수 없다.' 이것이 제가 달라이 라마의 말을 듣고 생각한 문장입니다.

달라이 라마의 말을 듣고 저는 생각했습니다. 모든 사람을 챙기는 것보다 어쩌면 진정한 나로 있을 수 있는 관계가 좋은 관계가 아닐까, 하고요. 내 정신이 건강해야 내가 행복할 수 있고, 그래야 타인과의 관계도 더 건강해진다고 말입니다. 내 주변의 모든 사람과 좋은 관계를 맺어야 한다는 생각은 스트레스로 다가올 수 있습니다. 누군가에게는 미움 받을 용기도 필요한 법입니다.

제 친구는 저에게 이런 말을 한 적이 있습니다. "있는 그대로의 너를 받아줄 수 있는 사람과 친해져. 가면을 쓰지 않아도 되는 편한 관계가 진정한 친구 관계 아닐까?" 건강한 관계란 내가 편하다고 느끼는 사람, 나에게 긍정적인 에너지를 주는 사람과의 관계입니다. 그리고 그것이 가능하려면 내 정신 건강부터 챙겨야 합니다. 부정적인 감정을 유발하는 사람을 모두 껴안을 필요는 없습니다. 우리는 모두 소중한 존재니까요.

"I am not what happened to me, I am what I choose to become."
나는 나에게 일어난 일대로 사는 게 아니라,
내가 되고 싶은 것을 선택하여 사는 사람이다.

_칼 구스타프 융(Carl Gustav Jung)

## 나 혼자만 멈춰 서 있는 건 아닐까요?

　우리는 각자 개성 있는 인생을 살고 있습니다. 인생이 한 편의 영화라면, 그 영화 속 주인공은 바로 나입니다. 내가 쓴 시나리오대로 인생은 흘러갑니다. 영화 'LA LA LAND'의 두 주인공인 미아와 세바스찬도 세상이 정한 기준이 아닌, 자신만의 기준대로 살아갑니다. 미아는 어엿한 배우가 되기 위해, 세바스찬은 정통 재즈의 명맥을 잇는 재즈 바를 운영하기 위해 달려갑니다.

　이런 감동적인 교훈을 주는 영화를 보면서 한 편으로는 현실에서는 있을 수 없는 일이라고 생각합니다. 현실은 마치 레일 위를 달리는 기차처럼 틀에 맞취진 채 흘러가야 한다고 느끼니까요. 고등학교를 졸업하면 대학에 가고, 대학을 졸업하면 취업하는 게 마치 하나의 레일과 같습니다. 잘 달리고 있던 기차가 탈선하면 정해진 시간 안에 목적지에 도달할 수 없듯, 우리의 인생도 중간에 샛길로 들어서거나 한눈을 팔다 보면 어느새 길을 잃은 미아가 됩니다.

그러나 우리의 인생은 한 가지 목표로 귀결되진 않습니다. 지구에 존재하는 인구수만큼 다양한 인생이 존재합니다. 그 모든 인생이 각자의 개성으로 빛납니다. 내 인생은 다른 누구도 살아본 적이 없는 오리지널리티라는 것을 기억하세요. 잠시 쉬고 있거나, 어떤 방향으로 가야할지 몰라 잠시 주춤하고 있더라도 휴식 시간동안 우리는 새로운 인생의 방향을 찾을 수 있습니다. 그리고 다시 앞으로 나아갈 수 있는 힘을 얻게 될 것입니다.

'나만 멈춰 서 있는 게 아닐까?'하며 걱정하고 있나요? 혹시 그렇게 생각하고 있다면 너무 걱정하지 않았으면 합니다. 불안과 걱정은 우리가 더 나은 방향으로 변화해야 한다는 필요를 느끼는 신호일 수 있습니다. 그리고 자신을 더 깊게 이해하고 성장할 수 있습니다.

영화 'LA LA LAND'의 두 주인공 미아와 세바스찬은 결국 원하던 꿈을 이뤘습니다. '이렇게 살아도 되나?'와 같은 걱정을 이겨내고 내가 정한 기준으로 세상을 향해 달려간 결과였습니다. 나만의 기준과 속도로 생각하고, 내가 정한 기준에서 잘 사는 것이 가장 행복한 인생입니다.

"Ever tried. Ever failed. No matter. Try again.
Fail again. Fail better."
시도했고, 실패했다. 괜찮다. 다시 시도하라.
다시 실패하라. 더 나은 실패를 하라.

_사뮈엘 베케트 (Samuel Beckett)

# 결국 나를 성장시킬 거야

"불안과 걱정을 친구삼아 지냅니다." 제 작가소개에 쓰인 문장입니다. 지인들은 저에게 이렇게 말하곤 합니다. "너는 걱정을 사서 한다."라고요. 저는 정말 쓸데없는 걱정까지 사서 하는 사람입니다. 그래서 고민과 걱정으로 새벽까지 잠 못 이룰 때도 많습니다.

불안은 이렇듯 제 삶에 깊숙이 뿌리내린 감정입니다. 아마 저만 그런 건 아닐 거예요. 이 책을 읽는 여러분도 가끔은 해결하지 못한 걱정과 싸우느라 잠 못 이루는 밤이 있을 겁니다. 사람들은 걱정과 고민을 불편한 감정쯤으로 치부하지만, 저는 이를 긍정적인 시각에서도 보려고 합니다. 불안은 단순히 불편한 감정이 아니라 우리가 변화와 성장을 향해 나아가고 있다는 신호라고요.

불안은 우리가 새로운 목표를 정하거나 새로운 습관을 들이려 할 때 자연스럽게 나타납니다. 우리는 일상 속에서 다양한 도전을 합니다. 아침 일찍 일어나 매일 30분씩 조깅을 하거나 명상을 하겠다는 것도 도전입니다. 저처럼 매일 하루에 10문장 이상의 글을 쓰겠다는 것도 도전이고요.

마음먹은 대로 되면 좋겠지만, 부정적인 감정은 언제나 목표 달성을 방해합니다. '아침에 늦잠 자서 조깅할 시간이 없으면 어쩌지? 그냥 푹 자는 게 나을까?', '매일 글을 쓴다고 해서 책이 되는 건 아닌데 괜히 하고 있나?'와 같은 걱정은 우리의 의지를 꺾습니다.

그러나 앞서 말씀드렸듯이, 불안은 우리가 변화와 성장을 향해 나아가고 있다는 신호입니다. 이는 걱정에 대한 자연스러운 반응이며, 부정하거나 피하려 할수록 더 큰 감정이 찾아올 수 있습니다. 그저 단순하게 받아들이는 연습을 해보세요. '그래, 늦잠 잘 수도 있으니 일찍 자야겠다.', '지금 쓰는 글이 꼭 책이 되지 않더라도 습관을 들일 순 있지.'라며 걱정을 자연스럽게 받아들이고 이를 긍정적인 방향으로 바꿔보세요.

걱정과 고민을 받아들이고 잘 활용하면 우리는 더욱 성숙하고 강한 나를 발견할 수 있습니다. 마냥 부정적인 감정이라고 생각하지 말고, 나를 한 단계 성장시킬 수 있는 원동력으로 삼아보세요. 거침없이 앞으로 나아갈 당신을 응원합니다.

## 6장

# 용기

### 마음 속에 품고 있는 나만의 응원단

"It's not whether you get knocked down.

it's whether you get back up."

쓰러지는 것보다 중요한 것은

다시 일어서는 것이다.

_빈스 롬바르디 (Vince Lombardi)

## 비를 견뎌야 비로소 떠오르는 무지개

 우리의 인생은 끝없는 도전과 실패, 그리고 성공의 연속입니다. '도전'이라고 하니 거창하고 대단한 것이라고 생각할 수 있으나, 제가 말하는 도전은 그런 게 아닙니다. 매일 늦잠을 자던 사람이 아침 일찍 일어나겠다고 다짐하고 실천하는 것도 도전이고, 제가 매일 글을 쓰는 것도 도전입니다. 달리기를 처음 해보는 사람이 마라톤 완주라는 목표를 정하고 매일 달리는 것, 일과 육아를 병행하면서도 꿋꿋하게 해내는 것도 매일 나 자신을 향한 도전입니다.

 우리가 세운 목표를 향해 나아가는 길은 마냥 순탄치 않습니다. 공부가 잘 되는 날이 있는가 하면, 책을 펼쳐도 글씨가 눈에 들어오지 않는 날도 있습니다. 지금까지 잘 하던 일들이 갑자기 손에 잡히지 않을 때면 우리는 지금까지 잘 했던 건 잊고 잠깐 주춤하는 자신을 책망합니다. 이럴 때는 포기하고 싶은 마음이 들기도 합니다. 답답한 마음이 마치 어두운 터널 속 같습니다.

아름다운 무지개를 보려면 우선 거세게 내리는 비가 그쳐야 합니다. 시련은 우리에게 고통을 줍니다. 매일 도전하는 나에게서 힘을 앗아갑니다. 시인이자 극작가로 유명한 셰익스피어는 "시도를 두려워하면 우리가 얻을 수 있었던 좋은 것들을 잃게 된다."라고 했습니다. 우리가 얻게 되는 좋은 것들이란 목표를 달성했을 때의 성취감과 자아실현일 것입니다. 시련이 우리를 힘들게 해도 그 과정을 넘어야 진정한 보상을 맛볼 수 있습니다.

당장 배가 고파서 끼니를 해결하고 싶다면 식재료부터 손질해야 합니다. 좋은 결과를 얻기 위해서는 반드시 그 과정이 있어야 합니다. 이 과정은 순탄할 수도 있지만 험난한 여정이 될 수도 있습니다. 그러니 지금 힘들다고 해서 포기하거나 주저하지 않으셨으면 합니다. 누구나 포기하고 싶은 순간은 있고, 그런 마음이 생기는 건 자연스러운 반응입니다.

지금 여러분이 비를 맞으며 힘든 시기를 보내고 있다면, 그 끝에는 예쁜 무지개가 기다리고 있다는 것을 기억하세요. 그 아름다운 결과를 맞이하기 위해 지금을 잘 견뎌낼 수 있기를 바랍니다. 비는 반드시 그칠 것이고, 우리는 맑게 갠 하늘과 예쁜 무지개를 볼 것입니다.

"Der Mut des Löwen ist der größte; aber der,
welcher sich selbst besiegt, ist der größere."
사자의 용기가 가장 크지만,
자신을 이긴 자가 더 위대하다.


_프리드리히 니체 (Friedrich Nietzsche)

## 내가 바로 나만의 히어로

저는 어린 시절, 영웅에 대한 동경이 있었습니다. 만화영화에 나오는 영웅은 항상 특별한 힘을 가지고 있습니다. 그 힘으로 시민을 괴롭히는 악당을 물리치기도 하고, 도시에 닥친 여러 문제를 해결하기도 합니다. 기적처럼 많은 일을 해내기도 하고요. 그래서 저는 멋진 영웅이 되고 싶어 영웅을 따라 하는 놀이를 친구들과 즐겨 하기도 했습니다.

어린 시절, 부모님께서 저에게 장래 희망이 뭐냐고 물어보면 "나는 저 만화 속 영웅처럼 될 거야!"라고 말했던 적도 있습니다. 어른들에게는 다소 유치하게 느껴질 수 있는 영웅 이야기지만, 어린이에게는 항상 동경의 대상이 됩니다. 그러나 영웅 이야기의 교훈은 어린이는 물론, 어른들에게도 소중한 메시지를 전달합니다. 바로 용기를 가지고 현실을 마주하면 시련도 잘 극복할 수 있다는 메시지입니다.

우리 일상에서도 용기가 필요한 순간은 많습니다. 두려움을 극복하고 앞으로 나아가는 일들이 그렇습니다. 많은 사람 앞에서 발표해야 하거나 면접을 볼 때, 우리는 긴장하게 되고 좋은 결과를 얻지 못할까 봐 두렵기도 합니다. 그러나 우리는 그 두려움을 떨치기 위해 많은 노력을 합니다. 미리 발표 자료를 달달 외우며 연습하기도 하고 면접 스터디에 참여하여 면접을 대비하기도 하죠. 이런 노력이 우리의 특별한 힘이라고 할 수 있습니다.

용기를 갖고 실천한 일이 만족스러운 결과를 가져오지 못할 수도 있습니다. 그러나 괜찮습니다. 우리는 도전했다는 그 자체로 성취감을 느낄 수 있습니다. 어제의 나보다 한 단계 성장한 나를 마주할 수도 있습니다. 용기는 두려움이 없는 것이 아니라, 두렵지만 앞으로 나아가는 것입니다.

    그러니 항상 용기를 갖고 내 앞에 놓인 일에 맞설 수 있도록 나만의 영웅을 마음속에 품어보세요. 두렵지만 두 눈 질끈 감고 용기 내어 해냈을 때, 우리의 영웅이 잘했다며 머리를 쓰다듬어 줄 것입니다.

"No great thing is created suddenly."
위대한 것은 갑자기 이루어지지 않았다.

_에픽테토스 (Epictetus)

# 모든 건 한 걸음부터 시작해

"모든 건 한 걸음부터 시작해." 이 제목을 읽고 여러분은 '당연한 이야기잖아.'라고 생각하셨을 겁니다. 어떤 일이든 첫 걸음을 떼어야 시작하고, 그 첫 걸음이 중요하다는 것은 모두가 알고 있는 사실입니다. 그러나 알고 있는 것과 실천하는 것은 다릅니다. 막상 시작하려고 발을 떼는 순간 우리는 망설여집니다.

'과연 내가 잘 할 수 있을까?' 이런 걱정은 자신감을 떨어뜨리고 내 안에 잠들어 있던 불안을 깨웁니다. 다행인 점은, 이런 걱정을 하는 게 저나 여러분만은 아니라는 것입니다. 물론 그게 위로가 되진 않지만요. 제 이야기를 해볼까요?

　첫 직장에서 퇴사한 후 저는 고민에 빠졌습니다. 첫 직장과 같은 일을 하고 싶진 않았는데, 그렇다고 제가 어떤 일을 좋아하고, 또 잘 하는지는 몰랐거든요. 취업과 관련된 특강을 들으며 어떤 직업이 저와 어울릴지 탐색하다가 우연히 직업상담사를 알게 되었습니다. 이 일을 하기 위해서는 자격증이 필요했습니다.

　제가 자격증 공부를 하겠다고 하자 지인들은 응원보다는 우려의 말들을 더 많이 했습니다. "할 수 있겠어? 어렵다던데." 이런 말을 들으면 의욕도 꺾이기 마련입니다. 그런데 참 이상하죠. 저는 오히려 투지가 불타올랐습니다.

　저는 원래 걱정이 많은 성격입니다. 어떤 일을 하고자 할 때 걱정이 앞서 시작을 미룬 적도 많습니다. 그러나 걱정을 안은 채 시작했던 자격증 공부는 결국 합격이라는 좋은 결과로 돌아왔습니다. 만약 제가 확신이 없어 시작조차 하지 않았다면 직업에 대한 고민만 길어졌을 것입니다. 할 수 있을지 없을지로 불안하다면 일단 지금 할 수 있는 일에 집중한다는 게 중요하다는 걸 그때 깨달았습니다.

해리포터 시리즈로 유명한 작가 J.K. 롤링은 생계를 유지하기 위해 소설을 집필했습니다. 만약 그녀가 '내 소설이 인기를 얻을 수 있을까? 책을 많이 팔 수 있을까?'라는 걱정만 했다면 과연 세계적으로 유명한 해리포터 시리즈가 탄생할 수 있었을까요? 일단 무작정 시작하고 보는 용기를 냈을 때 세상을 뒤흔든 유명한 판타지 소설을 낼 수 있었습니다.

'작은 성과라도 이루고 싶다면, 일단 시작해야 한다.' 이 간단하고 단순한 이치를 여러분도 꼭 기억하셨으면 합니다.

"A good word like spring day."
친절한 말은 봄볕과 같이 따사롭다.

_러시아 속담

# 제가 도와드릴까요?

 이 시대는 어르신들에게 참 가혹한 시대입니다. 급변하는 세상에 적응하지 못하면 살아남을 수 없다는 것을 여실히 보여주거든요. 지금의 어르신들은 이 시대를 만들어 온 주역이지만, 현대 사회는 그들의 노력은 생각하지 않습니다.

 기술의 발전으로 세상은 참 편해졌습니다. 스마트폰과 손가락만 있으면 집까지 음식이 배달됩니다. 처음 가보는 장소도 스마트폰만 있으면 쉽게 찾아갈 수 있습니다. 저처럼 심각한 길치도 지도 어플리케이션만 있다면 초행길이 두렵지 않습니다. 기술의 발전은 이토록 일상의 많은 부분을 편하게 바꿨습니다.

그러나 이런 기술의 발전이 어르신들에게는 반갑지 않습니다. 전에는 아무렇지 않게 하던 일들이 이제는 어려워졌거든요. 대부분의 업무를 스마트폰과 어플리케이션으로 대체하니 음식을 주문하는 것도, 은행 업무를 보는 것도 어려워졌습니다. 식당에 가도 키오스크를 사용하는데 조작이 익숙하지 않으면 그저 화면만 멀뚱멀뚱 쳐다보고 있다가 나옵니다.

이처럼 우리는 주변에서 일상생활을 어려워하는 사람들을 심심치 않게 만날 수 있습니다. 길을 찾지 못해 헤매는 사람이나, 키오스크 사용법을 몰라 주저하는 사람이 그 예입니다. 이럴 때 우리는 작은 용기를 낼 수 있습니다. 결코 어렵지 않습니다. 먼저 그들에게 다가가 "제가 도와드릴까요?"라고 말하는 것입니다.

누군가를 돕는다는 것은 큰 용기가 필요합니다. 우리나라는 특히 타인의 시선을 많이 신경 쓰기 때문에, 타인을 위해 용기를 내는 게 쉽지 않습니다. 괜히 나서는 게 아닐까 부끄럽기도 하고, '내가 아니라도 누군가는 도와주겠지.'라며 다른 사람에게 친절을 미루기도 합니다.

그러나 우리는 압니다. 부끄럽더라도, 다른 사람의 눈치가 보여도 내가 직접 도움의 손길을 내밀면 세상은 조금 더 밝아진다는 것을요. "고맙습니다."라는 말을 들으면 '역시 용기 내길 잘했어.'라는 생각으로 우리 마음이 행복해집니다. 이런 작은 친절의 용기가 모여 세상은 더욱 따뜻해집니다.

한 번은 어렵지만, 두 번은 쉽습니다. 주변에 도움이 필요한 사람이 보인다면 먼저 다가가 보세요. "제가 도와드릴까요?"라는 짧은 문장에는 세상을 밝히는 힘이 있답니다.

"Courage is resistance to fear, mastery of fear – not absence of fear."
용기는 두려움이 없는 게 아니라,
두려움에 맞서 행동하는 것이다.

_마크 트웨인 (Mark Twain)

## 지나고 보면 별 것 아닌 것들

 오늘도 점심 메뉴를 고민하는 데 한참을 보냈습니다. 만족스러운 식사를 위해 익숙한 맛을 고를 것이냐, 새로운 맛에 도전할 것이냐, 매번 고민의 연속입니다. 직장인에게 점심 메뉴 선정은 영원히 풀지 못하는 숙제 같은 것이겠죠. 편의점에서 새로 나온 기간 한정 컵라면을 몇 번이나 들었다 놓으며 망설였지만 결국 제 선택은 어제도 먹었던 컵라면이었습니다.

 우리의 일상은 항상 선택의 연속입니다. 익숙한 길도 있지만 처음 보는 길도 존재하죠. 모험심이 가득한 사람이라면 새로 출시한 컵라면을 아무렇지 않게 집어 들겠지만, 저처럼 두려움이 많은 사람은 익숙한 컵라면을 집어들 것입니다. 매일 먹는 점심 메뉴에 이렇게까지 고민할 이유가 있냐고 묻는 사람도 있을 것입니다. 사실 이건 너무나 가벼운 일화일 뿐이고, 우리의 삶은 언제나 선택과 결정으로 이뤄져 있다는 이야기를 하고 싶었습니다.

익숙한 길을 갔다면 내가 가지 않은 길에 대한 후회와 아쉬움이 남습니다. 만약 내가 새로운 길로 갔다면 어땠을까, 하는 호기심일수도 있습니다. 이런 감정들은 우리에게 중요한 교훈을 줍니다. 다음에도 선택의 기로에 섰을 때는 평소와 다른 선택을 해보겠다는 용기입니다. 후회가 남지 않도록 더 고민해서 지금보다 더 좋은 결과를 가져올 수 있는 계기를 만들어 줍니다.

세계의 유명한 발명가들이 익숙함에 안주하지 않고 항상 새로움을 찾아 나섰기에 지금까지 세상에 없던 독특한 발명품이 탄생할 수 있었습니다.

익숙한 길이 아닌 새로운 길을 간다는 것은 이런 것입니다. 지금까지 했던 일과는 전혀 다른 일을 시작하는 것. 안전함보다는 모험을 선택하는 것. 두렵지만 처음 해보는 일에 과감하게 도전하는 것. 항상 익숙한 길만 가서 처음 보는 길이 궁금하다면 과감하게 용기를 내보세요.

누구나 처음 가는 길에는 두려움이 따릅니다. 그 두려움을 안고서라도 한 걸음 내딛었을 때 우리는 알 수 있습니다. 내 걱정과 두려움은 별 것 아니었구나, 하고요.

"The greatest mistake you can make in this
life is to be continually fearing you will
make one."

당신이 저지를 수 있는 가장 큰 실수는
실수를 할까 두려워하는 것이다.

_엘버트 하버드 (Elbert Hubbard)

## 실패의 끝은 실패가 아니다

　우리가 살면서 반드시 마주해야 하는 것이 있습니다. 바로 실패입니다. 첫 걸음마를 떼는 순간부터 지금까지 우리는 수도 없는 실패를 거듭하며 성장했습니다. 사람들은 성공을 강하게 염원합니다. 그래서 최대한 실패하지 않으려 많은 노력을 기울입니다.

　실패는 항상 부정적인 것으로 생각하곤 합니다. 저는 이를 마냥 부정적으로 생각하지 않았으면 합니다. 오히려 성장의 기회로 삼아보는 건 어떨까요? "피할 수 없다면 즐겨라."라는 말을 떠올려 보세요. 어차피 우리에게 주어진 일이고, 헤쳐나가야 하는 일이라면 두려움보다는 용기를 가져봅시다. 결과에만 집착하지 않고 과정 자체를 즐기는 사람에게는 긍정적인 결과가 따르는 법입니다.

우리는 항상 성공만 하진 않습니다. 성공하지 못한 일에서도 항상 배울 점은 있습니다. 전과 같은 실수를 반복하지 않기 위해 우리는 더 많은 노력을 하게 됩니다. 방법을 바꿔보기도 하고요. 이런 과정 속에서 우리는 더욱 강해집니다. 발명왕으로 유명한 에디슨은 "실패는 성공의 어머니"라는 말을 했습니다. 이는 계속 실패하더라도 용기를 가지고 도전하면 성공에 이를 수 있다는 것을 말해줍니다.

한 번 생각해 보세요. 우리의 삶은 언제나 수많은 성공과 실패를 반복했습니다. 그렇기에 지금의 단단하고 올곧은 내가 있습니다. 작가들은 매일 만족스러운 글을 쓰진 않습니다. 어떤 날은 글이 아예 써지지 않기도 합니다. 매일 운동을 하는 운동선수도 항상 좋은 기록을 내진 않습니다. 이들의 공통점은 무엇일까요? 바로 포기하지 않고 꾸준히 자신의 할 일을 하는 것입니다. 그렇게 하루하루 쌓아가는 경험치가 언젠가 자신을 성공으로 이끌어줄 것이라 믿기 때문입니다.

용기를 내기 어려운 여러분에게 꼭 하고 싶은 말이 있습니다. '아무것도 하지 않으면 성공도, 실패도 없다.' 만족스러운 결과를 내지 못할 것 같아 두려워도 용기를 냅시다. 실패를 디딤돌 삼아 한 단계 더 성장한 나와 마주할 수 있습니다. 기억하세요. 실패의 끝은 실패가 아닙니다. 또 다른 시작일 뿐입니다.

"To believe your own thought, to believe that
what is true for you in your private heart is true
for all men—that is genius."
자신의 생각을 믿는 것, 당신의 마음 속에 있는
진실이 모두에게도 진실이라고 믿는 것,
그것이 천재성이다.


_랄프 월도 에머슨 (Ralph Waldo Emerson)

# 내 목소리를 낼 수 있는 용기

저는 학창 시절, 발표 시간이 제일 싫었습니다. 친구들 앞에서 큰 목소리로 발표하는 게 창피하고 부끄러웠기 때문입니다. 분명 정답을 말하고 있음에도 발표한다는 자체가 부끄러웠습니다. 발표할 때마다 얼굴이 빨개져서 초등학교 시절 제 별명은 호빵맨이었습니다.

다른 사람들 앞에 나서서 목소리를 높이는 건 누구나 할 수 있지만 용기가 없으면 쉽게 할 수 없습니다. 아마 저처럼 다른 사람의 앞에서 내 의견을 내는 게 부끄러운 사람들이 있을 것입니다. 말은 나를 표현하는 가장 쉬운 방법이자, 내 생각을 다른 사람에게 알릴 수 있는 수단 중 하나입니다. 그러나 말로 표현하지 않으면 내 의견은 사라집니다.

우리는 가끔 하고 싶은 말이 있음에도 꾹 참습니다. 상대방이 어떤 반응을 보일지 모르니 두려워서 참기도 하고 내 의견이 중요하지 않다고 생각해서 말하지 않기도 합니다. 그렇지만 두려움을 넘어서 내 목소리를 냈을 때 긍정적인 결과를 가져왔던 경험을 떠올려보세요. 아주 작은 경험이라도 좋습니다.

저는 학창 시절, 조별 과제를 제가 직접 이끌어 좋은 결과를 냈던 경험이 있습니다. 조별 과제야말로 각자의 의견이 모여 새로운 아이디어로 탄생하는 현장입니다. 그런데 여기에서 의견을 내지 않고 가만히 있으면 일이 진행되지 않습니다. 그때 저는 제 의견을 적극적으로 내어 발표 과제를 성공적으로 이끌었습니다. 이런 경험은 여러분도 한 번쯤은 있었을 것입니다.

내 의견을 말하는 것이 때로는 작은 갈등을 불러

올 수도 있습니다. 그러나 이 갈등은 건강한 대화를 할 수 있게 만들고, 건강한 관계를 만들 수 있게 해줍니다. 솔직하게 서로의 의견을 나누며 이해와 수용의 단계로 나아가는 것입니다.

저는 뚜렷하게 내 목소리를 내면 낼수록 주관이 확실해진다고 믿습니다. 처음에는 어색하고 부끄러워서 내 목소리를 확실히 낼 수 없을지도 모릅니다. 용기를 가지고 말해보세요.

용기를 내기 위해 많은 사람들 앞에서 말하기 전에는 항상 자기 최면을 겁니다. '지금 내 앞에 있는 사람들은 내가 알고 있는 지식을 모른다. 그러니 내가 알려줘야 한다.'라고요. 이렇게 생각하면 자신감도 생기고 마음도 한결 편해집니다. 이렇게 자신감을 갖고 시작한 발표는 항상 좋은 결과를 가져왔습니다.

여러분도 각자 자신만의 주문을 만들어 보세요. 그 한 문장의 다짐이 큰 용기를 만듭니다. 건강한 관계를 만들고 확고한 나의 주관을 가지기 위해서는 용기를 내야 합니다. 말하지 못하고 꾹 참고 있었다면 작은 목소리부터 내봅시다.

7장

# 감사

창으로 스며드는 햇살의 힘

"When you arise in the morning, think of
what a precious privilege it is to be alive, to
think, to enjoy, to love."
아침에 일어나면 당신이 살아 있고, 생각하고,
즐기고, 사랑할 수 있는 것이
얼마나 큰 특권인지 생각하라.

_마르쿠스 아우렐리우스 (Marcus Aurelius)

## 삶의 꽃, 감사의 향기

아우렐리우스의 이 문장은 노랫말을 생각나게 합니다. "아침에 눈을 뜰 때면"으로 시작하는 "우리는 하나"라는 곡입니다. 아우렐리우스의 이 문장과 "우리는 하나"라는 노랫말이 전하는 의미는 감사입니다.

당신이 있어 행복하기에 당신을 사랑할 수밖에 없다는 감정을 노래했지요. 아침에 눈을 뜬다는 것 또한 매우 감사한 일입니다.

사랑하는 사람이 옆에 있다면? 상상만으로도 감사할 따름이지요. 살아있다는 이유만으로도 온통 감사한 일들로 꽉 차 있습니다.

어제 하루 잘 살아냈다고 선물처럼 도착한 '오늘'은 날씨와 상관없이 맑음이지요. 우리가 선물을 받을 때면 미소가 저절로 생기고 감사한 마음이 자연스럽게 표정에 드러나기 때문이죠.

우리는 매일, 날짜만 다른 하루를 선물 받고 열심히 살아갑니다. 매일 배달되는 '하루'는 누군가가 누리지 못하는 또는 간절히 바라던 날입니다.

선물의 포장지는 매우 거칠거나 부드럽기도 합니다. 그 포장속에는 어제 만난 친구의 잊지 못할 추억이 담겨 있을지도 모르죠. 무척 기대하는 시험에서 좋은 결과를 얻었다는 소식이 있을지도 모릅니다. 나에게만 배달된 선물은 나만의 향기이고 나만을 위해 빛날 것입니다.

그 향기를 바탕으로 나에게 잘 어울리는 삶을 창조할 것입니다. 그다음엔 내가 만든 그윽한 향기가 세상을 아름답게 만듭니다.

 선물 포장은 신이 하셨다는 것, 잊지 마세요. 신이 우리를 위해 특별히 포장한 선물. 우리의 삶을 어떻게 변화시킬지 기대하시고 받으세요. 그러니 오늘 받으신 선물의 포장을 성의껏 풀어보세요.

"Wenn es eine der schwierigsten Rechungen auf der Welt gibt, dann ist es die, die uns gegebenen Segnungen zu zählen."
세상에서 가장 어려운 산수가 있다면
그것은 바로
우리에게 주어진 축복을 헤아리는 것이다.

_에릭 호퍼 (Eric Hoffer)

## 축복이란 보호막

우리가 어렸을 때 일에서 열까지 수를 셀 수 있게 되면 어른들은 하나같이 "1+1=?" 하고 물었습니다. 왜 그럴까요? 수를 알고 나서도 그 의미를 이해하지 못하면 풀기 어렵기 때문이지요. 우리는 일반적으로 수학은 힘들다고 생각합니다. 산수의 개념이 사칙연산이라면 수학은 수(數) 옆자리에 학문의 학(學)이 자리하면서 깊어지기 때문일 것입니다.

학문을 떠나서 일상에서 찾아보면 산수는 무궁무진하게 우리와 밀접하게 자리하고 있습니다. 그런데, 정말 중요한 것에는 산수를 하지 않아요. 그게 뭘까요? 눈치채셨겠지만 '감사'입니다.

에릭 호퍼의 문장을 읽고 제가 깊이 생각해봤어요. 정말 나에게 주어진 축복을 헤아려본 적이 있는지 말입니다. 하지만 웬걸요? 하루에 10번도 하지 않더라구요. 창으로 비치는 햇살, 눈 뜨자마자 건네는 아이의 미소, 벽에 걸린 가족 사진은 축복 그 자체인데 말입니다.

요즘 저는 아침에 일어나면 제일 먼저 하는 말이 "감사합니다."예요. 거의 잠꼬대입니다. 대상도 뚜렷하지 않습니다. 그런데도 합니다. 일종의 최면인 셈이죠.

에릭 호퍼의 문장은 우리의 일상에 "하루에 감사한 순간을 몇 번이나 경험했나요?" 하고 던지는 질문 같습니다. 이 문장은 우리가 기쁘고 행복할 때도, 슬프고 우울할 때도 유효합니다. 내가 미처 깨닫지 못하는 이 순간도 축복의 시간에 포함됩니다.

지금 힘드신가요? 너무 힘들어서 죽을 것 같은가요? 그렇다면 잠시만 둘러보세요. 그리고 눈을 감고 떠올려보세요. 조금 전에 마신 물 한잔, 몇 분 전에 걸려 온 친구의 염려스러운 통화, 며칠 전에 부모님이 건네준 잔소리. 맑은 날씨, 마음을 대신 말하는 음악. 작은 화분에서도 활짝 핀 꽃.

저와 그대는 분명 축복이라는 보호막 속에 살고 있습니다. 그러니 조금만 더 저와 함께 견뎌봅시다. 그리고 오늘 받은 감사를 짧게 기록해봐요. 미소가 번진 그대의 표정이 환합니다. 우리가 받은 축복을 함께 헤아리며 평온한 마음으로 꿈에 빠져들기를 바랍니다.

내일은 내일의 꽃이 피어날 테니까요.

"Do not be angry about why
the tiger was made; instead,
be grateful that it does not have wings."
왜 호랑이를 만들었냐고 불평하지 말고
호랑이에게 날개를 달지 않은 것에 감사하라.

_인도 격언

## 고통의 바탕은 감사

제가 즐겨 읽는 어린이를 위한 그림동화 철학책의 내용을 요약하면 이렇습니다.

추운 겨울밤, 두 친구가 길을 걸어갑니다. 한참 걷다가 쓰러진 사람을 발견합니다. A는 그냥 가자고 하고, B는 그 사람을 업고 갑니다. 그렇게 한참을 걷습니다. 혼자인 친구는 이미 앞서가고, 등에 업힌 사람이 말합니다. "나를 그냥 두고 가시오."하고 말입니다. 그의 말에 B는 '두고 갈까, 업고 갈까' 하고 살짝 갈등합니다. 그러나 B는 끝까지 그를 업고 목적지까지 갑니다. 목적지가 가까워졌을 때 또 쓰러진 사람을 발견합니다. 그는 바로 혼자 앞서가던 A였고, 이미 죽어 있었습니다.

누구나 살면서 고난과 고통을 겪습니다. 때와 상황에 따라 조금의 차이는 있지만 견디기 힘들어서 좌절하거나 포기하는 일도 있지요. 저는 여기서 쓰러진 사람에 대해 이야기를 해볼까 합니다. 만약 제가 이런 상황이라면 삶을 포기했을지도 모릅니다.

우리는 살면서 누군가에게 도움을 준 적도 있고, 누군가의 도움을 받은 적도 있습니다. 뜻하지 않게 고난과 고통을 나누게 되는 순간이 있지요. 그때는 나만의 것이 아니라 우리의 것이 되고 함께 분담하고 나누면서 나아갑니다.

우리는 살면서 고난이 서로를 살게 한 원동력이라는 아이러니를 경험하게 됩니다. 그림동화의 쓰러진 사람과 B처럼 말입니다. 반대로 혼자 추운 겨울밤을 걷는다면 목적지를 코앞에 두고 목숨을 잃은 A가 될 수도 있습니다. 이건 남의 이야기일까요? 아니요. 우리 모두의 이야기입니다.

우리는 혼자서는 살 수 없는 존재입니다. 때론 불

리하고, 때론 유리한 조건을 가집니다. 이 두 조건은 항상 변한다는 것을 잊지 말아야겠습니다. 감사는 어떠한 상황에서도 마음먹기의 결과라는 점도 기억해야겠습니다. 추운 겨울밤에는 혼자보다 둘, 둘보다는 셋이 더 낫습니다. 그것의 바탕은 감사입니다.

"Gratitude is a symbol of a great soul."
감사는 고귀한 영혼의 징표이다.


_마하트마 간디 (Mahatma Gandhi)

## 한 방울들이 모여 바다가 돼

창문을 엽니다. 지나가던 이웃과 눈이 마주쳤습니다. 그가 인사를 합니다.

- 안녕하세요?

나도 인사를 합니다.

- 안녕하세요!
- 날씨가 참 덥습니다. 더위 조심하세요.

그가 무심한 듯 건넨 염려에 제가 대답했습니다.

- 감사합니다. 좋은 날 되세요.

나도 모르게 나온 한 마디가 "감사합니다."입니다.

우리의 영혼은 어디에서 깨끗해질까요? 맞습니

다. 어떠한 보상을 원하지 않는 상황에서 감사한 마음이 들 때입니다. 우울한 기분을 전환하려고 물을 마시는데 직장 동료나 낯선 사람이 다가옵니다.

그들에게 무심한 듯 건넨 물 한 잔에 고개를 숙이며 감사하다는 인사를 받았을 때, 서서히 번지는 입가의 미소. 행복해지죠. 아무도 흉내 낼 수 없는 그 기분. 이런 날은 어쩐지 보너스를 받은 것 같습니다.

어때요? 오늘, 당신의 가장 순수한 마음을 조금 나눠주시는 건.

저는 알고 있습니다. 그대가 살짝 머뭇거린다는 것과 곧이어 건넬 감사가 있다는 것을. 또한 당신의 작은 배려가 순수한 영혼이라는 것을.

지금 당신의 순수한 영혼을 만났습니다. 당신이 건넨 말 한마디에 스며있는 감사를 제가 먹습니다. 저는 나눠주신 감사를 맛있게 먹고 이웃에게 나눠드립니다. 감사합니다.

"Certains se plaignent des épines,
d'autres se réjouissent des roses."
어떤 이들은 장미꽃의 가시에 불평하지만,
나는 줄기에 피어난 장미꽃에 감사할 따름이다.

_장 바티스트 알퐁스 카르 (Jean-Baptiste Alphonse Karr)

# 장미는 가시가 있지

여러분은 생일이 언제인가요? 저는 한겨울입니다. 고등학교 2학년쯤에는 봄방학 하기 전에 생일이 있었어요. 친구들과 분식집에서 튀김과 라면을 시켜서 나름 생일파티를 했어요. 그때 같은 학년의 남자 동창생이 그 광경을 보고 고기만두를 사줬지요.

"야, 생일인데 라맨(라면)이 뭐꼬? 아지매, 요게 고기만두 좀 주이소."

저는 뭐라고 표현할 수 없는 감동으로 마음이 울컥해지고 속으로 눈물을 가득 흘렸습니다. 고기만두의 양이나 라면의 냄새나 튀김의 기름 맛이 아닌 진한 감동의 맛 덕분에 저는 며칠 동안 무척 행복했습니다. 저는 제 생일인 그날 미역국은 고사하고 생일밥도 못 챙겨 먹고 학교에 갔었거든요.

우리의 삶은 아마도 장미 줄기를 타고 오르는 것처럼 힘들지도 모릅니다. 장미꽃이 아름다운 것은 장미 줄기에 있는 가시 덕분이 아닐까요? 가시가 있기에 꽃은 쉽게 꺾이지 않고 오래 피어있는 것이겠지요. 우리에게 고난이라는 가시는 장미꽃처럼 아름답기 위한 장치일 수도 있습니다.

아무리 아름다운 장미도 물, 태양, 대지가 없으면 꽃을 피울 수 없습니다. 우리가 흘리는 눈물과 노력은 아름다운 장미꽃을 피우기 위한 중요하고 고귀한 재료입니다.

오늘도 한 주전자의 물을 붓습니다. 펄펄 끓어오른 눈물을 붓기도 하고, 남극의 차가운 대륙붕에 꽁꽁 언 얼음을 통째로 올려놓기도 합니다. 뜨거운 물은 식을 것이고 꽁꽁 언 얼음은 녹을 것이 분명하기에 오늘도 변함없이 우리는 끊임없이 노력합니다.

저는 당신의 아름다운 장미꽃이 필 때까지 함께 응원하고 노력하겠습니다. 언젠가 우리가 피워올린 장미꽃을 보면 눈을 꼭 감고 떠올려봐요. 저의 추운 생일날 받았던 고기만두 한 접시처럼 따뜻한 순간은 있으니까요. 그 감사한 시간을 소중히 가꾸며 지내기로 해요.

우리는 살면서 경제적이든, 정신적이든 겨울 같은 시기를 꼭 맞이합니다. 그러는 중에도 저처럼 감사의 순간을 만나게 됩니다. 감사한 마음은 우리가 가꾼 아름다운 장미의 정원을 더욱 빛나게 할 것입니다. 장미의 가시에 감사해야 하는 이유입니다.

"Do not talk about what you do not have,
but rejoice in what you have."
내가 가지지 않은 것들을 불평하지 말고
내가 가진 것에 감사하라.

_에피쿠로스 (Epicurus)

## 그리우니까 보고 싶어

 겨울이 오면 제일 먼저 손을 내미는 사람은 많이 가진 사람보다는 사회약자인 노숙자, 저소득층, 지속해서 진료받아야 하는 사람이 대부분이라고 합니다. 그들은 많이 가져서 기부하는 것이 아니라, '나보다 더 어려운 사람'을 위해서 자신의 일부를 내놓는다고 해요. 이분들이 한결같이 하시는 말씀은 "내가 더 행복해지더라."라는 것입니다.

 우리는 많은 것들을 누리고 살 수 없습니다. 하지만 가진 것들을 아끼고 가꾸며 나눌 수는 있습니다. 몸이 불편한 분을 위해 짐을 들어주거나, 넘어진 아이를 일으켜 세우고, 비를 맞는 친구에게 우산을 씌

워주는 것들이지요. 받는 사람도 불쾌하지 않다는 조건이 있어야 하겠지만 나의 마음을 나눌 수 있다는 건 감사한 일이 틀림없습니다.

　우리는 살면서 가진 것보다는 가지지 못한 것들에 더 불쾌함을 표현합니다. 남들과 나를 비교하면서 나의 존재감이 쓸모없는 것처럼 느껴지기도 하지요. 세상살이가 쉽지 않다는 걸 느끼는 순간에 휩싸이는 건 찰나입니다. 그런데 지금 내 손에 들려진 스마트폰이 울린다고 생각해보세요. 친한 친구, 사랑하는 사람의 목소리를 전해줄 문명이지요. 만약 이 문명을 내가 가지지 못했다면 어떨까요? 생각만 해도 식은땀이 나지 않나요? 저는 그렇습니다.

　우리는 우리의 욕망이 크면 클수록 가지고 싶은 것이 많을 수밖에 없습니다. 인간은 욕망의 존재이기도 하니까요. 그 욕망은 때때로 그리움의 대상이 되기도 합니다. 그래서 가지지 못하면 화가 나고, 실패했다는 쓸데없는 결론을 짓기도 하지요.

이럴 땐 한숨을 크게 쉬어보는 건 어떨까요? 숨을 크게 내뱉고 나면 좀 시원해지잖아요. 욕망도 때때로 나의 그리움이니까요. 그럴 땐 보고 싶은 사람이라고 생각하며 더 가까이 가기 위해 노력하면 됩니다. 그 욕망이 나의 그리움이니, 내가 포기하지 않는다면 그 욕망은 꼭 성취될 것이니까요.

그리움이 짙고 깊으면 보고 싶은 겁니다. 이제부터 가지지 못한 건 '나의 그리움'이라고 생각하기예요. 보고 싶으면 먼저 달려가야 한다는 것도 기억해주세요.

"Der undankbare Mensch macht sich klein,
weil er nur nimmt und nichts zurÜck gibt."
세상에서 가장 쓸모없는 인간은
감사할 줄 모르는 인간이다.

_괴테 (Johann Caspar Goethe)

## 너의 소중한 검은 돌이라서 더 고마워

제가 들은 이야기를 들려드릴게요.

까마귀가 다쳐 날 수 없었습니다. 무기력하게 있던 까마귀를 지나가던 노인이 집으로 데려가 성의껏 치료했습니다. 까마귀는 점점 건강이 좋아졌고 노인과 지내면서 노래를 불러 주었지요. 그러다가 까마귀는 노인에게 감사할 때가 됐다고 생각했어요. 까마귀는 가장 아끼는 검은 돌을 노인에게 선물했어요. 노인은 아주 기뻤습니다. 검은 돌은 까마귀에게 아주 귀한, 의미 있는 돌이었기 때문이지요.

까마귀는 자신이 가장 아끼는 '검은 돌'을 노인에게 선물했어요. 솔직히 노인에게는 쓸모없는 것입니다. 하지만 노인은 자신의 가장 소중한 것을 기꺼이 내어 준 까마귀의 마음을 읽었기에 아주 기뻤습니다.

우리는 선물이라고 할 때, 값비싸고 으리으리한 그 무엇이라고 생각하고 기대하지요. 그 기대가 너무 크면 받은 선물을 감사의 크기와 비교하고 가치를 평가합니다. 이건 우리가 잘 못 이해하고 있는 부분입니다. 감사의 선물은 물질이나 경제적 가치로 평가하면 안 되지요.

우리는 살면서 까마귀보다 못한 사람을 만나거나 노인처럼 관대한 인물을 만나지 못할 수도 있습니다. 그렇지만 '감사'를 가치로 평가할 필요는 없습니다. 감사를 꼭 표현하되, 받는 사람은 감사의 가치를 어떤 기준에 맞춰 평가하지 않으면 좋겠습니다.

언젠가 나에게 도움을 받은 친구가 자신의 상황에서 내민 감사의 인사와 자판기 커피로 표현하면 기꺼이 받아주는 관대함도 필요합니다. 어쩌면 그 친구는 자신이 가진 전부를 내민 것일 수도 있으니까요. 이럴 땐 주저하지 말고 친구에게 고맙다고 말하면 참 좋겠습니다.

그리고 감사는 오래 두어도 갓 지은 밥처럼 힘이 강해집니다. 당신의 감사가 바로 세상을 끌어가는 원동력입니다. "감사합니다."

8장

# 공정

## 우리의 목소리가 울려 만드는 조화로운 세상

"The greatest happiness of the greatest number is the foundation of morals and legislation."

**최대 다수의 최대 행복**

_존 스튜어트 밀 (John Stuart Mill)

## 빵 한 조각을 나눠 가져

우리는 물질적인 풍요로움을 누리며 살아갑니다. 21세기의 우리가 바라보는 환경 또한 그렇지요. 문명과 물질의 균형이 이루어지는 것은 바람직한 현상입니다. 하지만 잠시 둘러보면 꼭 그렇지 않다는 걸 느낄 수 있습니다.

우리가 느끼는 행복은 누군가에게는 불행일 수 있다는 점이 그러하지요. 그 모든 것들이 공평할 수 있을까요? 아니, 공정하게 나눠진 것이라고 할 수 있을까요?

네. 절대 공정하게 나눠진 것이라고 할 수 없습니

다. 그렇지만 다르게 보면 내가 가진 것과 타인이 가진 것이 절대적으로 공정하다면 우린 모두 행복해야 한다는 조건이 성립되어야 합니다. 우리가 모두 공정하다면, 분명 불행한 사람은 없어야 합니다. 현실은요? 그렇지 않지요.

존 스튜어트 밀은 우리의 행복은 개인에게 한정된 것이 아니라고 말합니다. 또한 우리가 일시적으로 추구하는 쾌락이 행복의 조건이 아니며 고통을 나누고 최소화하여 지속되는 행복에 도달하는 지혜라고 합니다.

내가 가진 빵을 나누어 배고픈 친구에게 나눠준다면 친구의 배고픔은 조금 해소될 것입니다. 이 작은 나눔이 친구에겐 고통 분담이 될 것이고 나는 위로하는 사람이 됩니다. 단지 '빵'일 뿐인 음식이지만 나누면 행복해지는 것, 바로 우리가 추구하는 삶의 방향이겠지요.

결국, 우리는 모두가 서로를 이해하고 존중하며

더욱 나은 세상을 만들기 위해 노력하는 존재입니다. 그러므로 밀의 "최대 다수의 최대 행복"은 서로의 희망과 연민이 만나 새로운 삶의 시너지를 낼 때 진정한 공동체의 일원으로 나아가게 한다는 메시지를 전달합니다.

이처럼 우리가 서로의 행복을 위해 개인의 삶뿐만 아니라 사회 전체가 더 나은 방향으로 나아가는 길을 선택한다면 진정한 행복의 의미를 발견할 수 있을 것입니다.

그대가 나눠 준 적은 양의 빵 한 조각이 위기에 놓인 사람에게는 큰 희망이 되고 행복한 삶의 이유가 된다는 점을 기억해주세요.

오늘 밤 무수한 별이 저토록 빛나는 건 당신이 마음을 열어둔 덕분입니다. 어두운 밤에도 포기하지 않고 걸을 수 있는 이유입니다.

"Eine gerechte Gesellschaft ist eine
Gesellschaft, in der alle Menschen die ihnen
gebotenen Möglichkeiten optimal nutzen."
공정한 사회는 모든 개인이 자신에게 주어진
기회를 최대한 활용하는 것이다.

_프리드리히 하이에크 (Friedrich Hayek)

## 신호등 앞에선 조급함을 내려놓자

우리는 가끔 도로를 달리는 자동차 안에 있습니다. 자동차는 거침없는 속도로 달리다가 신호등의 지시에 따라 멈추었다가 달립니다. 참 공정한 시스템이지요. 우리의 삶도 신호등의 시스템을 지키듯 공정하다면 얼마나 좋을까요.

가끔 신호를 어기고 달려가는 자동차를 보기도 합니다. 그럴 때마다 우리는 화를 내게 되는데, 결코 자신에게는 도움이 안 됩니다. 왜냐하면 그를 따라잡으려면 나 또한 신호를 어기고 마니까요.

대부분은 타인이 그러니까 나 또한 그래야 한다

고 생각하지는 않습니다. 달리는 자동차들이 있는 차도로 무턱대고 진입하면 위험한 대상은 나일 뿐입니다.

 신호등이 의미하는 것은 무엇일까요? 모든 개인이 공정한 사회의 질서를 존중하기 위해 만든 사회적 시스템이고 약속이지요. 사회적 약속을 잘 지키면 모든 개인은 안전합니다. 하지만 이 약속마저 지키지 않는 사람을 보면 화가 나는 건 당연합니다.

 신호등을 달리 보면 기회입니다. 그 기회의 완급을 조절하는 것이 교차로이거나 건널목이라고 할 수 있습니다. 신호등이 내 맘 같지 않다고 조급해해 봐야 별 소용이 없습니다. 아무리 조급해도 시간은 일정한 속도로 흐를 뿐이지요. 내가 손해를 본다는 느낌에 얽매이면 마음은 점점 불쾌해지고 하루의 일과가 나빠질 수도 있습니다.

 지금, 뭔가 내 발걸음을 잡고 있다면 건널목 앞에 서 있다고 생각해볼까요? 건널목을 지키는 신호등이 신호를 줄 때까지 무거운 조급함을 잠시 내려놓아요. 곧 신호가 바뀌고 공정한 기회를 줄 테니까요. 안전한 초록 불이 들어올 때까지 긴장을 늦추지 말고 목표를 생각하면서 말입니다. 신호가 바뀌면 정확하고 명확한 걸음으로 힘차게 걷습니다.

기회를 잘 활용하는 건 나의 재량입니다. 휴대전화를 보면서 걸으면 집중력이 떨어지지요. 하지만 걸음에 집중하면 목표지점까지 빠르고 정확하게 갈 수 있습니다.

이제 우리가 건너야 할 신호등의 색깔이 바뀌었습니다. 안심하세요. 안전합니다. 당신의 목표를 위해 잡은 기회입니다. 지금 출발하세요!

"Injustice anywhere is a threat to

justice everywhere."

불의에 대한 침묵은 정의에 대한 배신이다.

_마틴 루터 킹(Martin Luther King)

## 빛이 나를 비추면 그림자가 생겨

우리는 공정하다고 생각하는 곳에서도 공정하지 않다는 아이러니한 상황에 놓일 때가 있습니다. 2024년 현재 우리나라의 의료시스템은 위태롭지요. 환자를 받아주지 않는 병원 때문에 일명 뺑뺑이를 돌다가 사망한 환자도 있고, 7시간이나 돌다가 아이를 출산한 산모도 있습니다. 의료대란입니다.

여당의 핵심 인물의 휴대전화 문자메시지가 카메라에 잡힌 것을 기억하시죠? 그 문자메시지는 우리를 경악하게 했습니다. 일반 시민은 응급실을 찾지 못해 죽어 나가는 형편이라고 보도되는 시국인데 그가 받은 문자메시지는 "부탁한 환자의 수술이 잘 되었다." 였으니까요. 현실은 절대 공정하지 않고 힘 있는 자와 그렇지 못한 자로 나누고 있다는 증거로 충분했습니다.

여기서 정치적인 이야기를 하려는 것은 아닙니다. 우리가 가진 권리가 침해받지 않으려면 우리는 불의에 대해 침묵하면 안 된다는 점을 말씀드리는 겁니다.

하늘을 올려다본 적이 있나요? 낮과 밤의 하늘은 분명 다릅니다. 낮의 하늘은 다양한 색으로 우리에게 상상력을 제공하고, 밤은 단 하나의 색으로도 충분히 우리를 상상과 환상, 미래에 대해 생각하게 합니다. 그렇다면 우리는 낮과 밤의 하늘 중 어디에서 더 많은 영감을 얻을까요? 우리의 권리와 비추어보았을 때 말입니다.

우리에게 주어진 환경은 우리를 비참하게 하는 부분도 있습니다. 하지만 바꾸어 생각해보면 밤과 같은 환경에서 우리의 권리는 더욱 뚜렷하게 빛난다는 것입니다. 현재 우리가 처한 환경은 분명 어두운 밤일 수도 있습니다.

이럴 때일수록 더욱 중요한 것은 우리의 권리를 잊지 않고 꾸준하게 실천하는 것입니다. 우리의 권리는 더욱 빛을 발하게 되고 권력을 함부로 휘두르는 사람에게서 나를 지킬 수 있습니다.

우리는 조금 힘든 게 아니라 많이 힘들잖아요. 그렇죠? 저도 그렇습니다. 그렇기에, 불의에 눈을 감지 말고 더 빛나는 당신의 눈동자로 세상을 밝혀야 합니다. 우리는 공정한 세상을 위해 지금까지 노력한 것이니까요.

"Balance is the validity of justice."
균형은 정의의 기초다.

_아리스토텔레스(Aristotles)

## 시소를 타면 균형이 깨어져

"시소~ 시소. 올라가면 푸른 하늘, 내려오면 꽃동산. 재미나는 시소." 혹시, 이 노래를 기억하시나요? 시소는 다른 놀이기구에 비해서 절대 혼자서는 즐길 수 없습니다.

아이들은 시소에 올라앉아 자신과 비슷한 몸무게의 아이를 지목합니다. 어느 한쪽이 가볍거나 너무 무거우면 아이는 화를 냅니다. 시소의 본질인 오르고 내림을 즐길 수 없기 때문이지요. 시소는 균형이 맞아야 놀이를 오래 유지할 수 있습니다. 균형이 깨어지면 갈등이 생기고 다툼이 발생합니다. 우리의 삶과도 좀 닮았지요.

저는 동요의 노랫말이 주는 반전을 생각해봅니다. "올라가면 푸른 하늘, 내려오면 꽃동산." 너무 공정한 노랫말이지요? 하지만 우린 내려오면 꽃동산이 아니라는 걸 알아요. 아이들을 위해 지은 노랫말이기에 '수렁'이나 '늪', '가시밭'이라는 단어보다 "꽃동산"을 사용했을 것입니다. 하지만 어른이 되면 알지요. 공정은 절대적으로 우리 일상에 적용되지 않는다는 것을 말입니다.

아리스토텔레스는 이미 기원전에 '공정'에 대해 이야기했습니다. 우린 정말 공정한 세상, 균형 잡힌 세상을 살아가고 있는 걸까요? 우리는 매일 보도되는 기사들과 뉴스를 보며 항상 불공정의 세상에 살고 있다고 느낍니다. 그런 이유로 우리는 한탄합니다.

우리는 항상 시소 위에 있는 존재입니다. 우리의 삶도 한번은 내가 올라가고 한번은 상대방이 올라가며 균형을 잡습니다. 실제로 우리는 너무 불공정한 세상에 살고 있지만 한쪽으로만 치우쳐 있는 세상도 그리 즐겁지만은 않다는 점도 기억해야겠습니다.

　우리는 '삶'이라는 시소를 통해 한쪽으로 쏠리면 불안과 두려움을 느낍니다. 우리는 삶의 균형이 잘 이루어질 때 협력이 아름답다는 걸 발견하게 됩니다. 그러므로 함께 웃고, 함께 고민하고, 함께 나아가는 길을 찾기 위해 노력합니다. 동요의 노랫말처럼 올라가면 푸른 하늘이 가깝고 높은 곳에서 내려와도 꽃동산이 될 수 있도록 말입니다.

"Il faut remettre en question la vérité,
la vérité ne peut se donner."
우리는 사유의 제약을 넘어, 보이지 않는
힘과 권력을 이해해야 한다.

_폴 미셸 푸코 (Paul-Michel Foucault)

## 엄마가 좋아, 아빠가 좋아?

저는 아이들에게 "엄마가 좋아, 아빠가 좋아?"하고 질문한 적이 있습니다. 대답하기 곤란하지요. 그 이유는 내가 선택해야 하는 대상이 '부모'라는 조건 때문입니다.

곰곰 생각해보면 이 질문은 가족, 사회, 직업, 관계, 문화와 관련한 가치관의 문제와 연결되어 있습니다. 두 가지 중에서 선택해야 한다는 조건은 그런 면에서 잔혹한 것 같습니다.

우리는 시험을 치를 때 논술형 질문보다는 사지선다형의 질문을 더 많이 접합니다. 알고 있는 지식에 답할 때는 여러 가지의 예시에서 찾으면 되니까 쉽습니다. 그러나 단 두 가지가 있을 때는 상황이 다릅니다. 확률은 높아지지만 그만큼 선택의 폭이 좁으므로 위험부담을 느낍니다.

우리는 사회적 존재이고 사회적 구조 속에서 살아가며 선택은 필수입니다. 우리가 부모님 중 한 사람만 선택하게 하는 질문에 선뜻 대답할 수 없는 딜레마는 그래서 생긴 것입니다.

사회적 존재인 우리는 개인적인 감정이나 선택이 단순히 개인적인 것으로 한정될 수 없는 환경에서 살아갑니다. 엄마가 좋으냐 아빠가 좋으냐와 같은 단순한 질문에서도 권력의 주체가 누구인지 판단해야 합니다. 만약 엄마를 선택하게 되면 전통적인 성역할이 강화될 가능성이 큽니다. 반대로 아빠를 선택하게 되면 권위주의가 팽배해질 수도 있습니다. 따라서 대답하는 주체는 권력관계와 사회적 규범의 영향을 받을 수밖에 없습니다.

현재 내가 선택한 것이 분배 과정에서 사회적 구조를 인식하고 조화롭게 나아가는 방향임을 잊지 말아야 합니다. 권력이 사회의 다양한 관계와 맥락 속에서 형성된다고 볼 때 우리는 공정을 추구합니다. 다만 공정한 분배를 원하지 않는다는 점도 기억할 필요가 있습니다.

개인은 늘 불평등한 경험을 갖습니다. 우리는 의식적으로 "엄마가 좋아, 아빠가 좋아?"라는 질문이 불공정에 대한 혼란을 초래한다는 점을 꼭 기억하면 좋겠습니다. 이 질문을 통해 우리는 그 이면에 숨은 뜻을 잘 해석하고 살펴보며 그 선택에 대한 책임이 나에게 있다는 점도 잊지 않아야겠습니다.

"Justice is the first virtue of social institutions,
as truth is of systems of thought."
사회의 정의는 그 사회의
가장 약한 구성원에 대한 정의이다.

_존 롤스 (John Rawls)

## 우리가 가꾸는 꽃밭이니까

　제가 사는 마을에는 정원이 아름다운 집이 있습니다. 이웃집의 주인은 저희 마을의 집을 일명 오도이촌으로 이용하고 있습니다. 이웃은 집을 잘 꾸며놓고 산책하는 제게 늘 자유로운 출입을 허용해 주셨지요. 이 집의 정원을 거닐다 보면 집주인이 얼마나 섬세한 사람인지 알게 됩니다.

　꽃밭을 가꾸기 위해서는 주인의 끊임없는 노력이 필요합니다. 하지만 무엇보다 중요한 것은 각각의 식물들이 뿌리를 단단하게 내릴 수 있도록 환경을 만들어야 한다는 것이죠. 그래야만 식물이 가진 본성을 파악하고 각각의 특성이 잘 어울려 살아갈 수 있으니까요. 이러한 배려가 본인이 원하는 정원을 만듭니다.

우리가 만나는 사람들도 각자의 배경과 경험이 다르고 다양한 가치관을 따르고 있습니다. 정원을 가꾸는 일과 사회적 구조를 살피는 일은 너무나 닮았습니다. 정원에서도 제대로 보살핌을 받지 못하는 식물은 죽습니다. 사회의 약자들도 제대로 살피지 못하면 그들도 식물들처럼 소외되어 버리지요.

정원의 꽃들이 각각 독창적이고 고유한 아름다움을 가지고 있듯 우리 또한 어느 한 사람도 외면당하고 소외되어서는 안 되는 존재입니다. 이처럼 우리는 각자가 일상에서 공정의 가치로 존중받아야 합니다.

모든 개인은 사회를 구성하는 고귀한 존재입니다. 그러므로 우리는 사회를 가꾸는 구성원으로서 정의와 공정한 관계를 싹 틔워야 합니다. 우리는 서로의 존재를 인정하고 함께 성장하는 존재니까요.

우리는 모두 가치 있는 존재이며 사회라는 정원의 주인임을 잊지 않아야 합니다. 아름다운 정원을 꾸미고 가꾸어야 할 의무와 책임이 우리에게 있습니다. 우리가 살아가는 사회는 우리가 함께 가꾸는 꽃밭이니까요.

"Alles ist interpretation, Welche interpretation auch immer zu einem gegebenen Zeitpunkt vorherrschut, ist eine Funktion der Macht und nicht der Wahrheit."
모든 것이 변하고, 모든 것이
지속성에 대한 의지로 인해 열립니다.


_프리드리히 니체( Friedrich Wilhelm Nietzsche)

# 문은 열 수도 닫을 수도 있어

저는 김종삼 시인의 '묵화'를 제일 좋아합니다. 함께 볼까요?

물먹는 소 목덜미에
할머니 손이 얹혀졌다.
이 하루도
함께 지났다고,
서로 발잔등이 부었다고,
서로 적막하다고,

제가 김종삼 시인의 '묵화'를 처음 접했을 때 마음이 뭉클했습니다. 이 짧은 시에 많은 의미가 응축되어 있어서 마치 곰국을 마시는 것 같았습니다.

우리는 마음의 문을 열어야 한다는 말을 자주 듣습니다만 두렵습니다. 문을 연다는 의미는 개방적이고 끊임없이 변화해 나갈 의지를 표현하는 것과 같습니다. 또한 안전한 방어막으로서 울타리가 되기도 하지요. 하지만 문을 닫는다는 의미는 고립이 생길 수 있으며 기회를 포기한다는 뜻도 있고 세상에 방어적인 태도라고 볼 수도 있습니다. 누구에게나 문은 있습니다. 문을 닫을 것인지 열 것인지 선택하는 주체는 바로 '나', 입니다.

지금 내가 처한 상황이 나의 잘못된 선택이라고 자책하고 계시나요? 만약 타인에 의해 이루어진 선택이라면 원망이 따를 것입니다. 너무 지친 나머지 삶을 포기하고 싶다는 생각이 들 때도 분명히 있습니다.

여러분이 마주하고 있는 문은 포기의 문인가요, 용기의 문인가요? 저는 용기의 문 앞에 서 있다고 믿어요. 용기의 문을 열고 나가는 사람은 기회를 얻겠지요. 문을 닫아버리면 더 이상의 기회는 얻을 수 없습니다. 고립되고 외로워지고 스스로 침잠해 갈 것입니다.

저는 발잔등이 부었지만 포기하지 않고 이 적막한 시대를 살아내는 여러분의 용기에 박수를 보냅니다. 이제 앞에 놓인 문을 열고 나아가세요. 세상의 불공정한 일들은 문을 여는 순간 새로운 기회가 되니까요. 어쩌면 애타게 기다리던 채용 합격 소식이나 졸업논문이 통과한 소식이 당신의 문 앞에서 기다리고 있을지도 모릅니다. 저는 문화재단의 지원금 수혜자가 되었다는 소식을 들었습니다. 어서요!

## 에필로그

우리에겐 수많은 행운이 있습니다. 일명 대박이라 부르는, 인생이 180도 달라지는 큰 행운이 있는가 하면 커피 기프티콘 오천 원에 당첨된 작은 행운도 있습니다. 이 행운은 모두 내가 만든 결과입니다.

기회는 우연히 오기도 하고, 위기에 찾아오기도 합니다. 변함없는 쳇바퀴 같은 하루에 뜬금없이 찾아와 우리를 설레게 하고 꿈꾸게 합니다. 금액이 많으면 좋겠지만 설령 적다고 해도 커피 한 잔의 여유는 또 얼마나 큰 행복인가요. 그러므로 기회를 발견하고 실천하면 행운을 만들어 낼 수 있습니다.

인생은 늘 위험하지만 그만큼 성취할 기회를 제공합니다. 우리가 살아가면서 느끼는 정서적 불안에 따른 좌절과 고립이 있을 수 있지요. 불안을 해소하기 위해서는 용기가 필요합니다. 용기는 우리가 살아가는 데 큰 힘이 될 뿐 아니라 어려움을 해소할 수 있는 답을 제시하기도 합니다.

불안이 해소되고 용기가 생성되었다고 해도 내가 긍정적이지 않으면 위험합니다. 용기는 무턱대고 생성되는 것이 아니기 때문이지요. 하루하루 살아가는 우리가 긍정적인 에너지를 발생시키지 않는다면 용기는 점점 사라질 것이고 불안은 더욱 팽창할 것입니다. 이와 더불어 남을 배려하거나 위로할 수 있는 마음도 생성되지 않을 것입니다.

우리가 살아가는 삶의 궤적은 함께 해야 한다는 조건이 저절로 생성되는 것이지요. 계획하지 않았지만, 계획표가 생기는 것과 같습니다. 그러하기에 타인과 나의 조합이 중요하고, 협력하고 배려하는 마음도 있어야 하지요. 우리가 타인을 배려하는 건 손해가 아닙니다. 나의 긍정적인 에너지가 타인에게 전해져 다시 내게로 돌아올 것이니까요. 또한 긍정과 배려는 세상을 바라보는 시각에도 영향을 미칩니다.

이처럼 우리는 하나의 감정으로만 살아갈 수 없는 존재입니다. 우리는 살아가면서 이루고 싶은 일이 많아집니다. 불안과 용기, 긍정과 배려가 함께 할 때 자연스럽게 형성되는 것이 바로 열망과 인내입니다. 우리의 모든 궤적은 꼬리에 꼬리를 물고 있으니까요. 내가 강렬히 원하는 것은 인내가 필요합니다. 그만큼 성취하고자 하는 열망과 갈증이 있기 때문입니다. 열망과 갈증은 내가 살아가는 원동력이 되어 목표를 이루게 됩니다.

　우리는 목표를 이루기 위해서 여러 가지 조건과 기준을 요구합니다. 이 기준과 조건은 공정하게 나의 성공과 밀접한 것인지 궁금해집니다. 우리의 삶은 항상 공정하지 않다는 것을 알지만 사회가 정한 기준이나 규칙을 준수하려고 합니다. 이 모든 과정을 통해 우리는 성장하고 성숙한 존재가 됩니다. 이렇게 성장하고 성숙해지면 감사가 무엇인지 깨닫습니다. 일상에 작고 소소한 행복이나 만족에 감사하면 좋겠습니다.

　우리의 일상이 고되고 힘들다는 건 누구나 공감합니다. 우리의 이야기는 좌절하고 포기하고 싶은 순간에 특별한 처방전이 되면 좋겠습니다. 상처가 생겼을 때 긁으면 상처는 덧나지요. 그때는 연고를 바르고 밴드를 붙이면 좋아요. 연고는 상처를 아물게 할 것이고 밴드는 긁는 행위를 막아줍니다.

이 책에서 소개하는 철학 명언은 우리 삶에 찾아오는 위기에 맞설 수 있는 용기를 북돋웁니다. 이미 모든 걸 잃었다고 생각하는 분에게도, 다가온 위기에 지혜를 얻고 싶은 분에게도 잔잔한 울림이 될 것이라 확신합니다.

혼자 실천하다가 용기가 조금 부족한 순간, 누군가 내 손을 잠시 잡아줄 때 큰 위로와 격려가 된 경험이 있으시죠? 저희는 그런 순간을 위해 썼습니다.

여러분이 불안과 두려움을 떨치고 쉽게 잠들기를 바랍니다. 오늘 이루지 못한 여러분의 열정이 내일의 희망으로 빛날 수 있기를 바라며 이 책을 바칩니다.

감사합니다.

## 소소한 너에게
가장 소중하고 소중한 너에게 주는 선물

**초판 1쇄 발행** 2024년 12월 13일

**지은이** 이현정, 아이릿, 임상현, 이영탁
**편　집** 이현정
**디자인** 아이릿

**펴낸곳**　The Moment
**이메일**　themoment350@naver.com
**출판등록** 2024년 5월 2일(제2024-000014호)

ISBN 979-11-987824-1-0 (03810)

*이 책의 모든 내용에 대한 저작권은 출판사와 지은이에게 있습니다.
저작권자의 허락 없이 내용 일부를 인용하거나 발췌 하는 것을 금합니다.
*이 책의 본문은 '을유1945' 서체를 사용했습니다